Une ancre et des ailes

ou l'aventure en bleu marine

Carnets de bord

La maquette de couverture est de Bernard Louviot.

Photo de couverture Jean-Marie Chourgnoz.

Michel Heger

Une ancre et des ailes

ou l'aventure en bleu marine

Carnets de bord

EDITIONS OUEST-FRANCE
EDITIONS DU PEN-DUICK

Je l'ai retrouvée !
Quoi ? L'éternité,
C'est la mer mêlée
Au soleil

A. RIMBAUD

INTRODUCTION

Un soir, je m'apprêtais à me rendre à un dîner élégant à bord d'un bâtiment de la Marine nationale basé à Tahiti. J'avais revêtu le spencer, qui, sous les tropiques, est bleu de nuit panaché de blanc. Ma fille, âgée de six ans, me contempla un long moment, mi-admirative, mi-goguenarde, et me déclara avec un sourire espiègle :

— Papa, tu ressembles à un pingouin !

C'était sans appel, provenant de la bouche d'un enfant, et ma fois assez vrai, à une inversion près.

Mais ce qu'elle ignorait, la coquine, c'est que J'ETAIS un pingouin, car c'est bien ainsi que l'on surnomme dans la Marine le personnel de l'Aéronautique navale. Si certains de mes camarades qui pilotent des avions de chasse embarqués préfèrent être comparés à des aigles, je revendique totalement, en ce qui me concerne, ce surnom qui évoque autant la mer que le ciel ou le monde du silence. Pingouin : « Oiseau palmipède des mers, remarquable plongeur. » Pilote d'hélicoptère mais aussi plongeur (bien que non remarquable), ne volant pas trop haut, pas trop vite, ayant le temps de voir les choses et la vie, aimant la mer et l'ayant parcourue sous toutes les latitudes (la trahissant parfois pour des océans de sable), j'ai vécu comme un pingouin. Mes ailes sont bien rognées aujourd'hui par la force de règlements intransigeants et le tropisme des états-majors, mais j'ai pu à temps me poser sur quelques navires, comme le font souvent les oiseaux marins, et courir encore le monde.

Cette vie de « pingouin », j'ai voulu en raconter quelques temps forts, donner quelques coups de projecteur sur des moments émouvants ou comiques d'une carrière passionnante et ceci non par l'effet d'un narcissisme qui serait stupide mais pour mieux faire connaître toutes les richesses d'un métier qui, commencé à l'Ecole navale, permet de goûter aux joies de l'aéronautique tout en préservant la possibilité ultérieure de commander un navire de guerre.

Tout est authentique dans ces récits, hormis quelques noms volontairement transformés ou involontairement oubliés.

1962

L'ECOLE NAVALE

OCTOBRE. LE CHANT DU « BORDA »

Au début tout n'est qu'obscurité et silence. La promotion est immobile dans la cour d'honneur, figée dans l'attente. Le ciel breton fait la trêve : des étoiles au-dessus de nos têtes, partout ! Et puis, soudain, des projecteurs s'allument. Le grand mât jaillit de la nuit, emplissant l'espace vertical. Un vrai mât, hérité de la tradition, avec des vergues et des haubans qui accrochent la lumière et projettent sur les bâtiments voisins des ombres arachnéennes.

Nos rangs zèbrent le sol d'alignements impatients. Silence encore...

Enfin, le gravier revit sous le martèlement de pas cadencés qui se rapprochent : nos anciens !

Pas un ordre, pas une voix. Pourtant, comme l'arrêt soudain de quelque machine inconnue, le martèlement cesse et l'on devine dans notre dos le rectangle immobile de ceux dont on ne connait pas encore le visage, les « aspis »[1], responsables de tous les maux de la période de « culations »[2] et qui deviendront plus tard nos camarades, nos grands frères.

1- « Aspis » : aspirants. Elèves de seconde année.

2 - « Culations » : épreuves diverses que les aspis font subir aux fistots pour souder la nouvelle promotion et réduire les petits égoïsmes de ceux qui n'ont jamais connu l'internat ou la vie en communauté.

Alors, aussi brutalement que la lumière, un chant s'élève, lent, haché, porté par cent voix qui ne font qu'une :

Je vais-vous ra-conter
Une-bien belle-histoire
Cette his-toire au-thentique
Est cel-le du-Borda
Ce na-vire au-trefois
Connut-des jours-de gloire...

A la fin du chant, trente secondes de silence emplissent la nuit, puis le martèlement des pas reprend, précis comme un métronome, et s'efface, absorbé par l'obscurité et le vent qui se lève.

Les lumières s'éteignent et nous laissent muets, mystifiés, et, disons le, quelque peu émus.

NOVEMBRE. LA DERNIERE CULATION

C'est la fin d'une journée habituelle : cross à six heures du matin, cours théoriques, cours pratiques, aviron, etc. Vers neuf heures du soir tout le monde est dans son hamac et navigue déjà sur d'autres mers. Car tout à l'heure est prévue « la grande biffe ». Un exercice de débarquement en canot suivi d'une marche d'infanterie sur un thème tout juste plausible. Le départ est prévu à minuit. Mais tout a l'air sérieux : l'exercice est prévu à la feuille de service, les tenues d'infanterie ont été attribuées avec la forme réglementaire. Un jeu bien distribué quoi !

A minuit a lieu le rassemblement, « rangers » aux pieds. Il pleut. On embarque dans les canots, encadrés par quelques anciens. Pour épargner nos forces il est prévu que les canots soient remorqués par des embarcations à moteur. Un esprit plus éveillé se serait méfié de tant de sollicitude, mais l'on dort debout, troupeau naïf ou résigné qui en a déjà tant vu ! On marche...

Dans la nuit humide et venteuse le convoi glisse maintenant, maigre chapelet de barcasses sur une mer au clapot heurté, dérisoire force d'invasion pour la forêt chimérique où nous attendent quelques ombres destinées à donner la répartie.

Débarquement. Rangers remplis d'eau. Début de la marche. On s'enfonce dans la broussaille. Elle vous prend les pieds, vous griffe le visage. On rit au début, on a la forme. Puis peu à peu, insidieusement, revient la fatigue de la journée. On trébuche de plus en plus, une heure trente s'écoule...

On se rend compte soudain que l'aspirant a disparu. Tant pis, on continue. Alors ce sont les lampes qui s'éteignent, piles à plat, comme par hasard. On flaire enfin le piège. Je demande à Loïc, un camarade, ce qu'il en pense.

— Je pense qu'on va vite retourner à la côte. Ça sent l'attrape, fistot ! D'ici qu'il n'y ait même plus les barcasses... !

Le bruit court de bosquet en buisson. Une inquiétude encore amusée se répand comme un feu de broussaille.

— Retour aux canots !

Piétinements, rires nerveux, jurons sous les gifles des branches. Voici la plage de galets. On se retrouve dix, vingt, quatre-vingts. Pas un aspirant en vue, bien sûr !

Mais les silhouettes des canots se détachent de l'arrière-plan où, très loin, brillent les lumières de Brest. Soulagement. Pourtant, Loïc remarque :

— Dis donc, je ne vois plus les barcasses qui nous ont remorqués à l'aller ?

— Merde ! Ah les salauds, ils nous ont bien eus ! Qu'est-ce qu'on fait, on rentre à pieds ?

Tous réalisent soudain la topographie des lieux. On n'est pas trop loin de la « Baille »[3] par la mer, mais par la terre il y a un immense détour à faire. Quatre heures de marche, au moins !

Dans les groupes les discussions vont bon train. L'unanimité s'établit enfin pour un retour en canot... à l'aviron.

Il pleut toujours, il vente encore, les paupières sont lourdes.

La plaisanterie commence à durer. Il est près de trois heures du matin.

---

3 - La «Baille» : l'Ecole navale. Une «Baille» est un navire, or l'Ecole navale était autrefois embarquée sur un vieux vaisseau, le «BORDA», d'où aussi le terme de « Bordache », élève de l'Ecole navale.

— Deux ! ... Deux ... ![4]

Mécaniquement, les dos se voûtent sur les avirons, puis les corps se raidissent à l'appel du barreur.

— Deux ! ... Deux ! ...

La galère. Presque ! On se réconforte comme on peut, en se disant, par exemple, que dans une heure on sera de nouveau dans les chers hamacs.

Après tout, le but de la marche était sans aucun doute de nous faire revenir à l'aviron. Les « aspis » avaient bien monté leur affaire, la fin logique de tout cela est proche : le hamac. Cette toile tendue entre deux crochets et maintenue écartée par les « bois de lit », nous apparaît maintenant comme le symbole du confort douillet, et la seule pensée de notre chambrée où nous dormons à plus de quarante, suspendus sur trois niveaux, entre les rangées de poutres à crocs, parvient à nous arracher des soupirs d'attendrissement.

— Deux ! ... Deux ! ...

Les mains sont gourdes, vidés les corps.

Et puis, peu à peu, les lumières de la « Baille » s'avivent, les bâtiments de l'Ecole navale, au loin, prennent forme : longs baraquements à un étage, constructions « provisoires » qui datent de 1945 (un provisoire bien français). Quelque chose dérange pourtant dans ce spectacle qui devrait réchauffer nos cœurs.

Oui, quelque chose cloche dans l'allure de la « maison ». Un vague malaise s'installe, sournoisement.

— Deux ! ... Deux !

La cadence se fait rageuse. On a hâte d'en finir.

Les détails apparaissent enfin.

— Eh les gars, vous avez vu le mât ! s'écrie le barreur. On dirait qu'« ils » ont hissé le grand pavois ![5]

---

4 - Deux !... deux ! ... : cris lancés par le commandant d'un canot pour donner la cadence des avirons.

5 - Grand pavois : dans les grandes circonstances (fêtes nationales, cérémonies...) les bâtiments de guerre hissent dans leur mâture les pavillons multicolores servant normalement aux transmissions. Les Britanniques appellent joliment cela « to dress a ship », habiller un navire.

Les têtes se retournent d'un seul mouvement. Curieux ce pavois à trois heures du matin ! Et puis les couleurs... ce ne sont pas des pavillons !

Nos cœurs cognent. Une vague impression, comme un souffle maléfique chasse de nos esprits le rêve chéri de nos hamacs.

— Deux ! ... Deux !

Le mât se dresse, bien net maintenant au-dessus des bâtiments. Il est relié au sol et aux toits par une véritable toile d'araignée aux composants indiscernables. C'est joli, grandiose, inquiétant. Quelques fistots ont encore le goût de rire.

Les amarres sont vite frappées sur le quai, et les canots abandonnés aux intempéries qui persistent. Quatre-vingt-dix fistots traversent en désordre le terre-plein venteux qui sépare la darse de nos baraquements. La toile d'araignée devient géante à nos yeux écarquillés par la surprise, l'émerveillement... et la colère : des guirlandes de pantalons, de chemises, de slips, de chaussettes traversent le ciel et convergent vers la tête du mât.

Quatre-vingt-dix placards ont été entièrement vidés de nos effets, et leur contenu monte à l'assaut des nuages ! Il est plus de quatre heures du matin. Nous sommes trempés. A sept heures il faudra que tout soit en ordre et que nous soyons habillés de sec.

— Ah les salauds, les salauds ! hurle encore un voltigeur de pointe qui a voulu voir ce qui se passait à l'intérieur des locaux.

Tous se précipitent aussitôt vers le hall. Stupeur et rage ! Des tas bien réguliers se répartissent dans l'entrée, dans l'escalier, dans les couloirs : tas de boutons blancs, tas de boutons noirs, gros boutons des vareuses, tas de chaussures de sport. L'entrée des chambrées est entravée de toiles d'araignée plus fines : lacets noirs, lacets blancs s'enchevêtrent inextricablement. Du grand art ! Nos anciens ont bien fait les choses.

Il nous reste moins de trois heures pour trier les effets, les lacets, les boutons, les répartir par type de vêtement, les distribuer par escouade, puis par poste, avant qu'ils retrouvent enfin le placard de leur propriétaire.

Mais le défi est relevé et, déjà, les rôles sont distribués, une

Debout fistots ! Réveil en pleine nuit dans les hurlements des anciens. (Photo X.)

organisation minutieuse est mise en place. Un long travail de patience commence alors que la nuit bientôt s'achève.

A sept heures moins vingt, les yeux s'écarquillent encore pour trouver le chas des aiguilles. Il reste en effet juste assez de temps à chacun pour recoudre les boutons d'une tenue de travail afin de se présenter à l'appel du matin.

Vient enfin la sonnerie du clairon, fatidique. Sept heures cinq : inspection par les capitaines d'escouade. Ces derniers feignent d'ignorer la réalité de cette folle nuit. Leurs commentaires laconiques sanctionnent des joues mal rasées ou des talons peu reluisants.

La journée qui s'annonce est comme les autres : théorie et pratique, électronique, navigation, école de manœuvre avec, encore, un petit peu d'aviron !

Mais l'humour est dans l'air car pendant le cours d'américain, je me suis quelque peu assoupi et je soupçonne que la patience du professeur, un officier de l'US Navy, a été mise à rude épreuve par des ronflements exagérés car il finit par me réveiller gentiment en se contentant de ce commentaire :

— Ce qui est excellent dans votre formation d'officiers de Marine, c'est qu'on entraîne à récupérer et à dormir dans n'importe quelle circonstance !

Jamais pourtant par la suite nous n'entendrons parler de cette nuit, ni par les anciens, ni par les officiers qui nous encadrent.

Nuit de désillusions ou nuit d'illusion ?

FIN NOVEMBRE. LA REMISE DES SABRES

Il fait jour cette fois. Nos tenues de matelot ont cédé la place à l'uniforme d'officier. Les manches sont bien dépouillées et nos casquettes vides encore de galons. Mais à notre flanc gauche, la bélière est là, suspendue, immobile, dans l'attente de son complément tant envié.

Comme il y a deux mois la promotion strie l'esplanade de ses huit rangées bien alignées face au grand mât.

Aujourd'hui encore, le pas cadencé de nos anciens surgit dans notre dos. Mais le martèlement, unique au début, se partage maintenant en harmoniques moins ordonnés : les aspirants insèrent leurs rangs entre les nôtres. Le silence s'établit, tout juste contesté par le vent d'ouest qui s'accroche dans les haubans.

Quelque part sur notre côté droit, une masse bleu sombre se fige à son tour : les autorités, les spectateurs, quelques invités.

Le moment solennel est enfin arrivé. Dans le dos de chaque fistot se trouve désormais celui qui va devenir son « père », en fait son guide son protecteur, son complice et dont il ne connaît pas encore le nom.

— Fistots, demi-tour, droite !

La voix du major de nos anciens est nette, riche déjà d'une autorité pourtant bien récente.

Je découvre mon « père » avec un grand plaisir puis, de son visage, mon regard glisse vers ses mains gantées de blanc. L'objet tant convoité est bien là, fourreau de cuir noir et poignée dorée.

— Fistots, au nom des saintes traditions (je tends les mains) et en vertu des pouvoirs que nous ont conféré nos grands anciens, je te remets ce sabre, afin qu'il te serve pour la défense de ton pays, et la plus grande gloire de la Marine.

J'entends à peine. Je n'ai plus que des yeux pour voir l'objet symbolique, que des mains pour le recevoir, le serrer, l'accrocher enfin aux bélières, encore maladroitement.

En quelques secondes, mon esprit revit les années scolaires, la découverte de cette vocation venue des grands espaces africains et de leurs côtes atlantiques, la préparation du concours au lycée Saint-Louis, les colles, le stress des épreuves, les désespoirs devant l'équation rebelle, et toutes les turpitudes enfin, de ces deux premiers mois à la « Baille ».

— Fistots demi-tour, droite !

Voilà, tout est dit. Quelques ordres, encore, nous font présenter le sabre et saluer le grand mât, témoin immuable des traditions et que je découvre soudain, comme grandi. Je songe au nombre de promotions qu'il a vu défiler à ses pieds. Il a porté à ses vergues décharnées et fantomatiques des milliers de vareuses et de chemises claquant au vent armoricain.

Ses haubans ont vibré chaque année aux chants grandioses et aux cris de rage. Il a vu aux automnes s'attrouper des centaines d'adolescents turbulents et chevelus, et repartir dans la douceur de l'été des promotions soudées par deux années de vie commune, parsemée d'épreuves cocasses souvent, dures parfois comme le peuvent être les premières sorties sur un océan peu complaisant, tragiques aussi, lorsqu'un camarade disparaît au cours d'une régate...

Mais le vent a forci. Et dans la mâture, grande harpe marine, on croit entendre comme une incantation modulée par les rafales :

Je vais-vous ra-conter
Une-bien belle-histoire
Cette his-toire au-thentique
Est cel-le du-Borda...

1964

LES PREMIERS VOLS

Blois défile sous les ailes de mon biplan. Un biplan, oui, comme en 14 ! Un bon vieux Stampe comme les douze autres qui viennent de décoller, à trois minutes d'intervalle, en direction de Royan.

Le château pointe vers le ciel ses clochetons et ses donjons, dressé majestueusement au cœur d'un parc aux dessins végétaux. Merveille de l'architecture. Ces constructions conçues bien avant que l'homme ne s'élève dans l'azur sont aussi belles vues d'en haut, et plus encore parfois, que vues du sol. Tout n'est qu'harmonie et équilibre.

Quelle virée !

C'est la croisière aérienne de l'Ecole navale, la récompense, pour quelques heureux élus du club de pilotage, des dizaines de week-ends passés sur les hauteurs de Lanvéoc-Poulmic à guetter l'éclaircie, la chute du vent breton ou sa rotation progressive jusqu'à ce qu'il soit dans l'axe de la piste, permettant ainsi les vols.

Des week-ends de patience, d'encouragements ou de déceptions.

Ah ! l'art du « trois points » l'atterrissage idéal où les deux roues du train principal et la roulette de queue touchent le sol au même moment, pour ne plus le quitter un seul instant ! Les engueulades du moniteur dans le porte-voix (!), les retours penauds, parfois, à la salle des vols, la barre, rouge, sur le tableau de progression, comme une blessure, plaie d'orgueil.

Et puis un jour le « lâcher » arrive, le premier « lâcher » d'une vie de pilote ! Imaginez le dernier circuit en double, la silhouette solide, sur le siège avant, du moniteur casqué de cuir, les derniers conseils hurlés dans le porte-voix, l'ultime atterrissage enfin, trois points, pas de rebond !

Le Stampe s'immobilise. La silhouette massive s'extrait du siège avant, un visage me sourit. Le moniteur attache les sangles de son baquet, reste un instant sur le marchepied, plante ses yeux dans les miens. Pas un mot. Il tend son poing, pouce en l'air, et s'éloigne maintenant vers les bâtiments du club, légèrement vouté, le parachute négligemment rejetté sur l'épaule droite.

Me voici seul. Seul et sans recours. Il n'y a pas de radio sur ces tapins, il n'y aura plus, à l'autre bout du tuyau acoustique, la moindre voix pour me rassurer, me conseiller ou me houspiller. Si tout à l'heure la panne survient c'est à ma seule mémoire qu'il faudra faire appel, aux seuls réflexes acquis au cours des dernières semaines et des mois qui viennent de s'écouler.

Mais voici la piste. Le nez est bien dans l'axe. Les deux ailes superposées la barrent dans une géométrie parfaite. Les gaz. Du pied ! Un peu plus encore ! Le badin est bon. Allez on y va. Le manche un peu en arrière. La vitesse ! Garder la vitesse. Ça y est ! Le bord de la piste en dessous et, peu après, la falaise qui plonge dans la rade de Brest. La campagne maintenant, un bocage serré. Pas de quoi se poser facilement en cas de panne. Quelques beaux champs tout de même, que l'on a d'ailleurs repérés depuis longtemps.

Des nuages cumuliformes ferment le ciel à l'horizon. Pourvu qu'il n'y ait pas de grain !

Devant moi, à moins d'un mètre, un grand vide, un siège inoccupé, un manche qui bouge tout seul dans la vacuité du cockpit et, surtout, l'absence dans le paysage immédiat... des épaules familières surmontées d'un vieux casque de cuir patiné. Plus que jamais tout semble dépeuplé !

Un lâcher. C'est bien le mot !

Comme un pigeon que l'on pousse de la main, avec quelques vœux de bonne route et que l'on confie soudain aux hasards du ciel, des vents et de toutes sortes de nuages.

Parler d'émotion ? Oui pardi ! Quelque chose de confus en tout cas où s'affrontent la joie, un sentiment de liberté, de légèreté, mais aussi un peu d'angoisse. On ne sait plus très bien pourquoi, au fond de la poitrine, ça cogne un peu plus fort aujourd'hui. Heureusement qu'il n'y a pas de radio. Sûrement ma voix y serait quelque peu enrouée et trahirait mes craintes.

Mais voici déjà la branche vent arrière, la vérification cabine, les « actions vitales ». C'est vite fait, l'avion est tellement rustique ! Le dernier virage. C'est là que tout se joue : il faut descendre, en douceur, arrondir la courbe, stabiliser dans l'axe, ajuster la vitesse. La vitesse, toujours elle ! Réduire encore un peu. Le manche en arrière. En arrière, au ventre ! Le nez pointe vers le ciel. La queue frôle la piste. On attend encore un peu. « O Stampe suspends ton vol ! » aurait dit Vermot.

Pfft ! Les trois roues ont touché.

« Posé, pas cassé, c'est gagné ! » Le vieux diction me revient à l'esprit pendant le roulage.

Bon. Finalement ce n'était pas si terrible ce premier solo !

*

* *

*

La Loire paresse maintenant dans la campagne estivale. Sur les routes le bitume noir est masqué par des chapelets aux grains multicolores : la longue procession des touristes qui, d'un château à l'autre, sacrifient au rite de la haute saison.

Pour nous c'est tellement plus facile : on vole ! Cette croisière est décidément un vrai régal. La Bretagne, les châteaux de la Loire, Royan, la côte atlantique enfin, pour rentrer sur Brest. Du tourisme de luxe. Une atmosphère de vacances règne d'autant plus que l'on vient de terminer les deux années d'études à l'Ecole navale. A la rentrée, ce sera la « Jeanne-d'Arc », le tour du monde !

Nos Stampe s'égrenent au-dessus des arbres et des champs, petites croix argentées aux silhouettes bien anachroniques.

Un biplan, oui. Comme en 14 ! (Photo X.)

Décontraction. On a des allures de « Red Baron » façon Schultz et la fantaisie en tête comme Snoopy.

Dans la brume de chaleur, Tours disparaît sous le plan droit. Il faut viser Royan. Pas de problème : sur la carte les routes sont tracées, les repères sont entourés de rouge, le chronométrage s'inscrit en traits brefs le long de la route comme autant de bornes minuscules où se lisent les minutes.

Mais voici à droite un si beau château, cela mérite un petit détour ! Et là ce lac avec ses voiliers et ses pêcheurs à la ligne ! Là encore, un peu plus loin, cette propriété magnifique avec ses dépendances, sa carrière aux obstacles rouges et blancs, des chevaux dans un paddock, tout près !

Ah ! Je ne sais plus très bien où je suis, mais pas très loin de la route en tout cas. D'ailleurs je vois Christophe là-bas, lui il sait certainement où il est. Et un peu plus loin sur l'arrière, je vois un autre Stampe, probablement Guillerm, un de nos moniteurs, le plus jeune d'ailleurs (vous pensez, il sort tout juste de Cognac). Bon. Tant pis pour la navigation. Tant que je verrai les deux autres, c'est que je serai sur la route. Profitons de l'instant présent !

De radadas en radadas, de petits détours en petits écarts, le temps a passé. Pourtant rien n'indique l'approche de Royan (j'y ai passé des vacances l'année dernière et d'ailleurs ma sœur s'y trouve encore cette année). On devrait voir cet immense château d'eau en forme de coupe évasée, comme s'il contenait du champagne...

Mais rien ! Un petit malaise, un petit doute me rappelle aux réalités aéronautiques. Le carburant a sacrément baissé. Il est temps de se reprendre en main. Bien sûr les deux autres sont toujours en vue. Mais savent-ils que l'on devrait déjà apercevoir le château d'eau ?

Le siège soudain devient inconfortable, je me tortille de plus en plus. Futurs passagers, attention : quand un pilote a l'air d'avoir des fourmis dans les fesses, c'est que tout ne baigne pas dans l'huile !

Le temps passe encore. Adieu frivolité, adieu tourisme débridé, on a dépassé l'heure d'atterrissage. Là, c'est déjà l'engueulade assurée à l'étape. Et puis soudain un large ruban d'eau, devant, festonné de bancs de sable. La mer ? Non. C'est un fleuve. Merde, la Gironde ! Et vu la largeur, ce n'est pas l'estuaire...

Rattraper Christophe, lui faire de grands signes. Il faut venir sur la droite, descendre le fleuve jusqu'à Royan. Il n'y a plus une minute à perdre. Battements d'ailes. Ça y est, il m'a vu. On met le cap au nord-ouest. Guillerm ne nous suit pas. Tant pis pour lui, il est assez grand pour se débrouiller.

Vingt minutes encore. Que c'est long ! Mais ça y est, je vois s'épanouir là-bas notre château d'eau.

Soif, j'ai très soif !

J'atterris et, peu après, Christophe embrasse à son tour la piste de ses trois roues. Un « kiss landing », la douceur du toucher, un poser d'amour.

Le chef arrive. C'est un officier des équipages, il est responsable de la croisière. Il est gris, et nous franchement dégrisés. Il a eu peur.

Trois avions manquants dont celui d'un moniteur ! Il a pensé à l'accident, à Guillerm qui orbite à la verticale pour guider les secours.

Mais au fait où est-il celui là ? Ah, le voici pas très loin. Il a dû finir par nous suivre en voyant ses deux élèves prendre un cap inverse avec détermination. Il devait être paumé lui aussi. En fait, chacun des trois, voyant les deux autres, pensait qu'il était sur la route !

Guillerm atterrit. Le chef l'entraîne à l'écart, l'air furieux. L'explication a lieu à l'abri d'une porte de bois, dans un bureau d'emprunt.

J'apprendrai le lendemain son explication officielle : « J'ai vu mes deux lascars s'en donner à cœur joie. Ils allaient se perdre, c'était évident. Je les ai suivis sans arrêt du coin de l'œil pour les ramener au bercail mais ne pouvais les rattraper. Enfin ils sont là. Quand je pense qu'à cause d'eux je me suis posé avec un réservoir pratiquement à sec ! »

Eh oui, Guillerm, tu veux mon avis ? A jouer les saint-bernard, on risque de tomber sur un os !

1968

LA « SERVITUDE »

L'hélicoptère, dans la Marine, vous place souvent en position marginale. Pour un jeune pilote, rien ne vaut une affectation en escadrille dite « de servitude » pour vous mettre rapidement dans des situations parfois cocasses ou pour le moins inattendues, mais dans tous les cas enrichissantes, d'abord parce que les missions sont variées, que ce jeune pilote est souvent seul devant la décision du moment face à une situation non répertoriée, et que le mot « servitude » est suffisamment vague pour couvrir aussi bien des liaisons, peu dangereuses (en principe), des transports en haute montagne ou encore la participation à des tournages de films variés, sans que soit inquiétée outre mesure une hiérarchie croulant sous les dossiers.

C'est donc au sein de l'escadrille de servitude 23 S basée à Saint-Mandrier, près de Toulon, que je fais ainsi mes premières armes opérationnelles. Comprenez bien : ce sont les premiers services que je rends dans la vie après avoir jusqu'alors tout reçu : l'éducation de mes parents, la scolarité de l'Etat, ou des maristes, la formation de marin à l'Ecole navale, la formation de pilote à l'Ecole de l'Air, sur Fouga Magister, puis en Corse, sur bi-moteurs de la Marine, la spécialisation sur hélicoptères à Dax dans l'Armée de Terre, puis à Chambéry, de nouveau dans l'Armée de l'Air.

Sept ou huit années après le bac, je deviens enfin productif ! Oh, à un bien faible niveau car, paradoxalement, j'ai encore tout à apprendre de ce métier aéronautique, mais productif tout de même et je n'en suis pas peu fier ! Les dix-huit mois que je vais passer dans cette escadrille vont bien dégrossir les choses et me dégourdir un peu comme pourront peut-être vous le laisser entrevoir ces cinq petites histoires.

ARRET DE JEU

Fraîchement lâché chef de bord sur Alouette 3, il me revient un jour d'aller prendre des passagers à Toulon pour les amener à une destination qui, à vrai dire, importe peu.

La base de Saint-Mandrier est installée sur la rade de Toulon, face à la colline du Mourillon : une piste qui longe la rive et se donne des allures de porte-avions, des bâtiments qui escaladent une colline boisée et fleurie. Un environnement somme toute bien agréable qui ne pousse pas vraiment aux angoisses existentielles.

C'est donc très détendu que j'effectue la mise en route de l'Alouette. C'est un appareil simple : quelques cadrans, des plus élémentaires, pour contrôler le vol et l'état de la turbine et, pour piloter, les deux atouts semblables à ceux des avions : un palonnier pour les pieds et, pour la main droite, le « stick » alias « manche à balai » plus techniquement appelé « manche cyclique » sur les hélicoptères. Palonnier et cyclique servent à la direction de l'appareil. Une troisième commande occupe la main gauche : le manche « collectif » qui permet de faire monter ou descendre l'appareil. Au fond c'est facile, non ?

Non ! Car chaque action sur l'une de ces commandes a des effets secondaires sur les deux autres, de sorte que le pilotage d'un hélicoptère est une gesticulation permanente des quatre membres. La précision du vol résulte d'un juste dosage entre diverses fébrilités.

A un journaliste qui lui demandait si l'hélicoptère est une machine difficile à piloter, un pilote d'essai, ancien de la Marine, d'ailleurs, a répondu avec simplicité : « Non, ce n'est pas difficile à piloter... mais c'est très facile à casser ! »

Décontracté donc par le cadre bucolique, mais conscient malgré tout des risques aéronautiques, je m'aligne pour le décollage et,

L'hélicoptère n'est pas difficile à piloter... mais il est facile à casser ! (Photo X.)

après avoir obtenu le feu vert de la tour, tire sur le collectif, pousse sur le cyclique, et contre, aux pieds, l'effet pervers induit par l'action de mes deux membres supérieurs.

L'Alouette s'élève. C'est chaque fois un grand plaisir que ce survol de la rade de Toulon. Tantôt miroir, tantôt pâturage marin aux moutons bousculés par le mistral, on y trouve toujours la tache colorée d'un pescadou ou la ligne élégante et oblique de quelque voile.

Le vol est bref car le point d'enlèvement de mes passagers est le stade Jaureguiberry, tache verte coincée entre la ville et l'arsenal. Dans un coin, un petit carré marqué d'un « H » y délimite la zone de poser. Le camion de pompiers réglementaire stationne à proximité, rouge... comme un petit coquelicot, mesdames.

Les passagers sont là : quatre uniformes bleu marine. Ils s'approchent, la casquette à la main gauche, la gabardine pliée sur le bras droit, puis s'installent, deux devant, deux derrière à coté du mécanicien. Lancement de la turbine, vérification du tableau de bord. Tout va bien, j'enlève le frein du rotor, monte en régime. L'embrayage se fait sans problème, sans même troubler les équipes de football qui jouent à faible distance.

Nouveau regard sur le tableau de bord. Ça baigne. La puissance y est, on peut décoller. Je verrouille le harnais et tire sur le collectif, pousse sur le cyclique, enfin, maintenant vous connaissez... J'ai vaguement conscience que mon voisin immédiat s'agite ; il se débat avec sa gabardine qui déborde un peu trop sur mon domaine.

L'Alouette n'est encore qu'à quelques mètres de haut en attendant l'« accrochage » d'un filet d'air quand soudain tout se détériore. Le sifflement de la turbine semble agonir, une alarme s'allume sous mon nez : plus de débit kérosène. Je n'ai que le temps de rendre la main et de poser l'appareil en roulant au milieu des footballeurs qui, à l'instant, ne se soucient plus guère du ballon. Arrêt de jeu !

Mon passager de gauche se tortille un peu sur son siège, éveillant du coup mes soupçons. Mon regard descend alors vers le bas de sa gabardine. Et voilà : en « arrangeant » celle-ci il a malencontreusement tiré vers l'arrière la manette de débit dc puissance, interrompant tout à la fois un brillant décollage et un match de foot acharné.

Que dire à ce camarade de la surface[6] ? Que si l'on avait décollé face à la mer ou à partir d'un porte-avions, on aurait certainement terminé à la patouille ce vol déjà trop bref ?

A moi, à l'avenir, de me méfier de mes passagers.

MAI 1968

Quel jour sommes-nous exactement ? Peu importe. J'ai abandonné avant-hier ma voiture dans une rue de Toulon faute

6 - La « surface » : distinction entre les marins de l'Aéronautique navale, ceux de la branche sous-marine, et ceux de la surface.

d'essence, et crains, depuis, que ne lui arrive le sort de tant d'autres : l'incendie, le vandalisme, le pillage. Je passe mes journées et mes nuits sur la base de Saint-Mandrier, consigné, comme la plupart de mes camarades célibataires, et contemple à chaque journal télévisé un présentateur mal rasé commentant les scènes habituelles du Quartier latin où les pavés révèlent la plage et les voitures leur vocation à s'enflammer spontanément.

Ce matin, où toute la France est engluée dans la grève et l'attentisme, je suis convoqué chez le « pacha ».

— Vous prenez une Alouette 3, vous récupérez deux passagers sur le stade Jaureguiberry et vous les déposez sur le stade qui se trouve là (il me montre un plan de Montpellier). Décollage dans un quart d'heure.

Le vol est préparé rapidement, les routes tracées sur la carte, les repères, les points de contrôle, les fréquences sont inscrites sur le bloc-notes. J'emmène avec moi un copilote et un mécanicien.

Nous voici bientôt à Jaureguiberry. Les deux passagers sont en civil (et n'ont pas de gabardine !). Leur aspect est quelconque mais ils semblent absorbés par de sombres préoccupations. Il n'y a pas de présentation, et d'ailleurs je n'entendrai leur voix à aucun moment. Boulot, boulot.

Nous décollons vers Six-Fours, puis La Ciotat dont les rouges falaises s'ornent ça et là des épaves de voitures en fin de carrière balancées par leurs propriétaires indélicats. Le château d'If se présente à son tour, ponctuant la mer du souvenir presque légendaire du comte de Monte Cristo. Fos succède à Port-Saint-Louis-du-Rhône. Un ciel de puanteur pétrochimique. La Camargue enfin !

Les flamands roses s'envolent à notre approche. Des chevaux fougueux et fugueurs jouent les « Crin blanc ». Ici au moins rien n'a changé.

L'on s'apprête à continuer sur Montpellier quand soudain :

— Fox Xray Charlie Whisky de Nîmes approche.

C'est la base d'Aéronautique navale de Nîmes-Garons qui nous appelle. Il s'agit d'une base de patrouille maritime. Mais nous traversons sa zone et sommes donc sur sa fréquence.

— Nîmes approche de Charlie Whisky fort et clair.

— Charlie Whisky ralliez immédiatement Nîmes, instructions complémentaires suivront.

Le copilote me regarde mais je ne sais que dire. Je fais un vague signe aux passagers et entame un virage de quatre-vingt-dix degrés sur la droite. Bientôt des hangars argentés se détachent sur un vaste plateau verdoyant et, peu après, nous nous posons d'une façon peu tendre d'ailleurs sur le parking de la base.

Aux « ops » un capitaine de corvette à l'air excité me dit :

— Désolé. On ne peut pas trop parler à la radio dans cette période trouble. Voilà : changement de programme. Votre stade de Montpellier est en ce moment en pleine effervescence. Pas question de vous y poser. Le seul endroit sûr est cette caserne (il me montre un plan). On vous y attend déjà. Bon vol !

Nous redécollons après avoir averti nos deux « civils » qui restent imperturbables.

Montpellier se dessine peu après devant nous... inondée de soleil. Je cherche un peu la caserne perdue dans les faubourgs. En dessous, des véhicules de CRS, en file disciplinée, se dirigent vers le nord. Il y a de l'ambiance par ici. Enfin se détache, dans l'anarchie de l'architecture urbaine, la symétrie et l'ordonnancement immanquables de bâtiments militaires. Nous y voici ! Bref tour de reconnaissance. Personne ne semble nous attendre. Je repère une belle cour, bien carrée, entourée de constructions sévères, et décide de m'y poser. L'approche est lente, dite « de précaution », et, pensais-je, professionnelle. Pour mon copilote et mon mécanicien de bord, tout est clair. Je poursuis la descente et termine l'atterrissage dans un tourbillon de poussière estivale. Coupure turbine, frein rotor. Pieds à terre. Un capitaine arrive en courant d'un coin de la cour.

— Ah, mon lieutenant, on vous attendait à l'extérieur de l'enceinte! En tout cas bravo pour votre atterrissage, vous êtes bien le premier à vous poser dans cette cour.

Il regarde en l'air avec un insistance curieuse. Mes yeux suivent les siens : un câble ou une antenne traverse la cour de part en part, en diagonale. Mon cœur rate quelques pulsations mais il faut sauver la face.

— Oh oui, j'ai bien vu, mais avec un peu de technique, vous voyez, c'est très faisable !

Mes deux passagers restent de marbre et s'éloignent d'ailleurs, couleur de muraille, vers leur tâche mystérieuse. Je redécolle, en sueur, pestant après les pièges arachnéens du service des transmissions, les empêcheurs de voler en rond et, en fin de compte, après tous les gribouilles qui fichent en ce moment la pagaille dans notre beau pays.

Heureusement, sur le chemin du retour, je repérerai, pas très loin de La Seyne, une longue file d'attente devant une station-service. De l'essence ! Ils ont de l'essence ! Mon retour à Saint-Mandrier est euphorique et peu de temps après je quitte la base avec une permission spéciale, un bidon vide et une voiture d'emprunt : direction La Seyne. Je vais enfin pouvoir récupérer mon propre véhicule et le mettre à l'abri !

SILENCE ON VOLE !

On est en pleine guerre des boutons. L'Armée de l'Air sature nos lucarnes électroniques et familiales avec ce brillant feuilleton qui, je l'avoue, me passionne également : « Les chevaliers du ciel. » Une brève incursion de la Marine dans un des épisodes s'est avérée être un échec total. Le dialogue et le montage, la mauvaise information, la mauvaise foi peut-être, tout a contribué à faire croire au spectateur peu averti que les commandos Marine, les avions de patrouille maritime, et même la chasse embarquée (!) appartenaient à l'Armée de l'Air !

A Paris quelques amiraux ont dû avaler leur casquette étoilée. On se raccroche alors à la moindre occasion de faire figurer les moyens de la Marine dans un feuilleton télévisé, fût-il mauvais.

A la base de Saint-Mandrier, l'escadrille 23 S, encore elle, reçoit un jour l'ordre de participer, le temps d'une séquence, au tournage d'une œuvre qui ne deviendra d'ailleurs jamais célèbre : « La fiancée du ciel ». (Disons clairement que cette fiancée-là se vendra nettement moins bien que celle de Smetana !) Notre rôle est de

« sauver » l'héroïne de la mer où elle a malencontreusement posé son avion en catastrophe, et de la ramener à son village natal, Lurs, petit nid d'aigle qui domine la Durance et que la sinistre affaire Dominici a déjà rendu célèbre.

Bien entendu, les ordres de Paris sont formels, il faut qu'apparaisse clairement à un spectateur même somnolent que l'Alouette de sauvetage appartient à la Marine.

Dans le hangar de l'escadrille, une réunion rassemble le commandant de la base, celui de l'escadrille, le chef des services techniques et moi-même, bien que jeune enseigne, mais qui a eu la chance d'être désigné pour cette opération de relations publiques. Il s'agit d'étudier le meilleur moyen de répondre aux vœux du Département. Les suggestions fusent.

— On va peindre une ancre de marine sur la porte.

— Non, ça ne parle pas assez, et puis une ancre ça peut appartenir à n'importe qui, même à la Marine marchande.

— Bon, on va peindre MARINE sur la poutre de queue.

— Oui, c'est pas mal.

— Peut-être mais on pourrait faire la même objection que pour l'ancre et de plus on pourrait penser que l'hélicoptère appartient au Marine Corps américain...

Plus d'une demi-heure s'écoule ainsi. Je suggère alors timidement de peindre tout simplement « MARINE NATIONALE » sur la queue de l'appareil. Cette idée lumineuse présente le double avantage de mettre fin à une discussion déjà trop longue et de provenir d'un jeune officier, donc d'un lampiste, qui pourra éventuellement porter le chapeau si l'idée s'avère mauvaise. (Il faut voir dans ce dernier propos plus d'humour que d'ironie car mes chefs étaient des gens fort honnêtes.) L'idée s'avérera mauvaise, mais dans l'immédiat elle est retenue.

Quelques semaines plus tard c'est le grand jour du sauvetage. La scène est tournée dans la rade de Toulon. On remonte au bout du câble du treuil un de nos plongeurs hilare que l'on a coiffé d'une perruque blondasse et revêtu d'une robe assez longue pour cacher des mollets peu familiers de la cire à épiler. L'action est « mise en boîte » assez rapidement. Fin de la séquence maritime.

Reste « l'arrivée » à Lurs de « l'héroïne, encore ceinte de sa bouée ». Oui, je dis bien bouée. Une bouée ronde et orange comme celle que l'on jette du haut des ponts aux personnes qui tombent à l'eau et que l'on appelle communément et avec un peu d'humour noir « bouée couronne ».

La météo n'est pas des plus fameuses, mais je parviens cependant à relier Toulon à Lurs dans les temps impartis. Il me faut encore m'y poser, discuter avec le réalisateur, mettre au point la scène du retour de l'héroïne... tout un programme.

Assis à la terrasse d'un café surplombant superbement la vallée de la Durance, le metteur en scène me fait parcourir rapidement le scénario et sollicite mon avis technique.

Ce rôle de conseiller n'est pas prévu au programme de l'Ecole navale, mais un enseigne de vaisseau, même loin de la mer, doit savoir faire face. Je me lance :

— Eh bien, c'est très bien tout cela. C'est plein d'idées, d'action... Vous ne croyez pas cependant qu'une « bouée couronne » ça ne fait pas vraiment aéronautique ? On pourrait...

— Ecoutez, me lance le réalisateur, écrasant virilement sa cigarette dans un cendrier Pernod 45, ce genre de détail, tout le monde s'en fiche. Le spectateur est un veau, il avale n'importe quoi. Moi je m'en fiche aussi. Ce feuilleton, vous comprenez bien, est pour moi un intermède alimentaire, alors !...

Mon expérience de conseiller technique s'arrête là. On passe alors à la réalisation proprement dite. Je fais plusieurs atterrissages entre un clocher et quelques arbres. La « fiancée », qui cette fois est bel et bien l'actrice, n'en finit pas de s'extraire de l'Alouette et de tomber ruisselante d'eau de mer et de larmes dans les bras d'un quidam. La scène prend fin. Les caméras se retirent.

Un homme corpulent, muni d'un appareil photographique, s'approche alors de moi.

— Mon lieutenant, s'il vous plaît ?

Je pense à un journaliste et lui tends la main, tout en lui pardonnant le « mon » superflu (les gens de mer n'appartiennent qu'à la mer).

— Voilà. Je n'appartiens pas à l'équipe du film, mais il se trouve que je fais un roman-photo dans le coin. Sans gros budget bien sûr. Alors si je pouvais mettre mes deux personnages principaux devant votre hélicoptère, cela me ferait un décor de luxe, et après, j'inventerai une histoire pour justifier la scène !

Perplexe, il me faut cependant décider. L'homme est jovial, son regard suppliant. Et puis après tout cela fera une « pub » de plus pour la Marine. On n'est pas à un sauvetage près.

— Bon d'accord. Mais faites vite. Et débrouillez-vous pour que l'on voie nettement « MARINE NATIONALE » !

J'ai la vague impression d'avoir été un peu imprudent. Mais après tout c'est un des privilèges de la jeunesse. On lui pardonne plus facilement.

Un « pot » général a lieu, peu après, sur la petite place de Lurs. On s'y bouscule joyeusement. Je porte mécaniquement une cigarette aux lèvres. Aussitôt, surgi de la foule, le photographe à romans se précipite et me tends une grosse boîte d'allumettes. Mon regard tombe alors distraitement sur l'illustration de cette boîte, plus propice à allumer les passions d'un collégien boutonneux qu'une honnête cigarette « Troupes ». Une photo bien cochonne quoi, sûrement pas éditée par la Seita ! Mais le gros homme s'est déjà dissout dans la foule. Je ne le verrai plus !

Alors, peu à peu, pendant le vol qui nous ramène à Saint-Mandrier, une sourde angoisse m'envahit. Ce roman-photo, c'était quoi au fait ? Je n'en sais fichtrement rien. Et si... Non ! Pourtant... Le doute s'insinue avec plus de force. J'imagine nettement maintenant une intrigue bien porno au milieu de laquelle intervient mon Alouette sur laquelle on peut lire très nettement « MARINE NATIONALE ».

Seule me rassurent un peu la certitude de la moralité de mes chefs, et le niveau de leurs préoccupations culturelles. Un : ils n'achètent en principe leurs livres que dans des librairies honorables. Deux : ils ne lisent pas de romans-photos. Pendant des mois, malgré tout, je vivrai dans l'attente de foudres supérieures...

Le lendemain de cette mission, le commandant de la base m'appelle. Il tient le journal local sur son bureau et me regarde d'un œil qui se veut sévère.

— Vous avez vu ? Qui vous a permis de voler dans les nuages ?

Stupeur. Il m'arrive certes d'être dans les nuages, mais compte tenu de mon expérience aéronautique, c'est plutôt au sens figuré. En l'air je ne suis pas dans la lune, et de toute façon pas indiscipliné, enfin pas trop !

Le reportage sur l'épisode de Lurs s'étale sous mes yeux. Le journaliste a voulu en faire trop et décrit mon irruption dans le ciel lursais d'une façon inconséquente mais à coup sûr théâtrale, dans le genre : « Après une attente angoissante l'Alouette surgit enfin des nuages. » Ainsi, feuilleton, roman-photo et réalité se mélangent-ils soudain dans un amalgame médiatique au détriment de ma réputation professionnelle.

Le pacha me laisse Dieu merci m'expliquer puis se laisse aller à un grand éclat de rire. La confiance est rétablie.

Quelques mois plus tard, le feuilleton sort enfin. Nous guettons bien sûr l'épisode de l'Alouette. Celle-ci surgit des nuages... enfin presque ! De loin on ne distingue pas très bien l'inscription « MARINE NATIONALE ». La séquence suivante est la descente de l'héroïne par le côté droit de l'appareil. Le cadrage est bien centré sur la porte et, à sa gauche, à l'amorce de la poutre de queue, on peut lire très clairement mais d'une façon tronquée : « ATIONALE ».

Le lendemain ma voisine de palier commente avec passion :

— C'était bien, hein, ils sont quand même forts ces hélicos de la gendarmerie !

Après de longues années de réflexion au niveau des états-majors centraux, les appareils militaires arborent maintenant bien distinctement :

« MARINE »
« ARMEE DE L'AIR »
« ARMEE DE TERRE »
« GENDARMERIE NATIONALE »

De quoi remplir un générique...

LA SOLDE

La Corse, dont on sait que la population est difficile à évaluer en période électorale, possède au moins le mérite d'être géologiquement moins floue. C'est du roc. Elle se voit de loin. Pour les marins, les aviateurs, c'est une certitude, un phare, un repère irréfutable, de quoi en somme recaler sa navigation.

Du moins le croyais-je. Mais non ! En mars 1969, il apparaît que sa position n'est pas précise. Je ne parle pas de politique mais bien de géographie : la Corse n'est positionnée qu'à deux cents mètres près par rapport au continent.

— Et alors ? demandais-je, profondément bouleversé, à mon pacha qui froidement me fait cette communication académique.

— Alors, vous allez commencer par aller à Chambéry vous entraîner au vol en haute montagne. Si vous y apprenez quelque chose de valable, vous partirez en Corse avec une Alouette 3, un petit détachement technique, un potentiel défini, une carte blanche pour décider de tout ce qui concerne les vols, et des consignes de très grande discrétion vis-à-vis de votre mission. Vous serez basés à la base aéronavale d'Aspretto, près d'Ajaccio, mais n'y aurez de compte à rendre à personne. Sur place, c'est-à-dire au pied du Monte Cinto, la Légion étrangère vous apportera toute l'aide logistique nécessaire.

Soudain passionné par les progrès de la science auxquels je dois cette mission « en or massif », j'apprends que pour des raisons militaires il est maintenant nécessaire de positionner l'île de Beauté à dix mètres près. Quel bond prodigieux !

Pour cela on utilisera pour la première fois un laser placé sur le mont Agel, au-dessus de Nice, et l'on procédera à une triangulation par réflexion du rayon laser sur deux miroirs situés l'un sur le mont Coudon, au-dessus de Toulon, l'autre au sommet du Monte Cinto, point culminant de la Corse. Ce miroir devra être mis sous abri et sur une plate-forme en béton qu'il va bien sûr falloir construire. Voilà donc mon prochain job !

Le séjour à Chambéry se déroule sans problème et se termine en apothéose par une approche en limite de puissance sur le sommet du mont Blanc, suivie d'une infinie glissade au-dessus d'aiguilles aux noms prestigieux et de la mer de Glace (tiens, une mer ?), dont les déferlements d'un bleu sombre se brisent beaucoup plus bas sur les galets morainiques.

En mai me voici donc en Corse. C'est déjà le printemps au niveau de la mer, mais au sommet du Cinto, à 2700 mètres, il fait encore froid et les dernières neiges recouvrent encore « ma » zone de poser. L'aérologie là-haut est délicate car, sur la face nord, une paroi verticale de plusieurs centaines de mètres stoppe brutalement dans son élan un mistral dont rien, entre le continent et la Corse, n'a pu diminuer l'ardeur. Par ce type de temps, le ciel est clair, les remous d'air, les très fortes turbulences, sont indiscernables et, d'ailleurs, ma première approche a frôlé le désastre, en dépit de toutes les précautions habituelles (je devrais dire « grâce » à elles, sinon je ne l'aurais pas que frôlé). Si au contraire il n'y a pas de vent, la chaleur venue de la plaine dès les premiers rayons du soleil engendre rapidement des formations de cumulus, des ascendances nuageuses, et dès huit heures, voir sept heures du matin, il n'est plus question de travailler là-haut.

Deux conclusions s'imposent. Un : il faut commencer les vols avant le lever du soleil, dès l'aube, ce qui me fait quitter Ajaccio vers quatre heures et monter mes charges jusqu'à ce que le ciel soit devenu infréquentable. Deux : il faut laisser au sommet, en permanence, un légionnaire muni de ce qu'il faut pour vivre (ou survivre ?), capable de me donner le plus tôt possible par radio la force du vent en altitude et, si je décide de me poser, de mettre en place un fumigène à l'extrême sommet et un autre sur la zone de poser de trois mètres sur trois qui se trouve vingt mètres plus bas côté sud.

Ce dispositif s'avère efficace. Les mauvais jours, le fumigène du sommet montre le « tunnel » d'air dans lequel je peux me glisser sans être pris par les gros rabattants. Le deuxième m'indique dans quel sens je peux y faire mon approche, ce sens pouvant d'ailleurs changer de 180 degrés en quelques minutes...

Les rotations se suivent alors, toujours en limite de puissance.

La montée se fait en épousant le flanc de la montagne, en profitant de la moindre ascendance, la charge de charpentage ou de béton se balançant doucement sous l'Alouette. La descente se fait en autorotation à plus de deux cents kilomètres-heure, au ras du relief pour gagner du temps (je gère jalousement et scrupuleusement mon potentiel !).

On aura compris que chaque « voyage » représente une double usure : celle de l'appareil et un peu aussi celle du pilote...

Aux deux terminaux de l'itinéraire se trouve la Légion. En bas elle assure la garde du camp de base et la sustentation des estomacs, deux tâches qu'elle assure fort bien (je garde un souvenir attendri du fameux boudin, froid, pris chaque matin vers six heures avec une tasse de café... corsé !).

En haut se trouve le brave caporal Schmöll, vingt-cinq ans de Légion, deux fois cité, trois fois cassé, etc. Il dort sous une petite tente de montagne, aime la solitude (en cela il est servi), parle avec

Au sommet du Monte Cinto. (Photo X.)

un accent germanique qui ne fait pas honte à son nom, et son physique ramassé et dodu lui donne la stabilité nécessaire pour résister à des rafales de vent parfois très violentes. En dehors du largage de ses quelques fumigènes quotidiens, il médite sur ses combats passés et futurs, arpente son domaine rocailleux et désert et absorbe quelques rares « Kronenbourg ». Il est très dévoué et n'a jamais d'état d'âme.

Or le 31 mai, vers dix heures du matin, je me trouve au camp de base. Les vols sont terminés pour la journée et, entouré de quelques légionnaires et de mon équipe technique, je savoure un casse-croûte réparateur, m'apprêtant déjà à rentrer sur Ajaccio. Soudain, le caporal-chef Hernandez, onze ans de Légion, deux fois cité, etc., s'approche lentement après s'être présenté de la façon réglementaire, cérémonieuse et parfois fastidieuse propre à son arme. Il a l'air embarrassé, hésite, regarde vers le sommet du Cinto, prend sa respiration et lance enfin :

— Mon lieutenant (je pardonne une fois de plus ce possessif abusif), il faut que vous remontiez là-haut.

— Je suppose, mon vieux, qu'il y a une bonne raison pour cela car c'est bouclé pour aujourd'hui.

— Mon lieutenant, c'est pour le caporal Schmöll !

J'imagine aussitôt l'évacuation sanitaire ou quelque drame.

— Rien de grave j'espère ?

— Mon lieutenant, c'est très sérieux !

Perplexe, j'attends. Il me tend une enveloppe.

— Voilà, il y a là-dedans la solde de Schmöll. Il faut la lui porter tout de suite. Enfin, ce matin quoi !

Sidéré, je préfère éclater de rire en croyant à une bonne blague, une sorte de manifestation d'un humour dont la nationalité m'échappe encore... peut-être celui de la Légion étrangère ?

— C'est sérieux, mon lieutenant, il faut !

— Mais enfin il n'y a là-haut ni bistrot, ni supermarché, ni bordel, alors ça peut bien attendre demain non ?

— Non, mon lieutenant !

Les autres légionnaires se sont rapprochés, ils me regardent d'un air grave.

— Il a raison, mon lieutenant, il faut !

— Mais enfin pourquoi ?

— Parce que la solde[7] c'est sacré. Et nous on la boit dans la journée, et après on n'aura plus l'esprit très clair. On aura encore soif et si la solde de Schmöll est ici on risque de la boire aussi. Et même si on ne la boit pas, Schmöll, là-haut, il ne va pas dormir tranquille s'il n'a pas sa solde. Et cette solde on vient seulement de nous l'apporter !

Ces arguments me sont assénés comme une rafale de fusil-mitrailleur et leur logique explose en moi, plus lumineuse encore que le pacifique et ancestral « Eureka ».

Au nom de l'habituelle entente plus que cordiale entre la Marine et la Légion, j'effectue donc cette surprenante opération de haute (2700 m) finance et d'habile politique.

Le reste de la mission sera fait d'autant de décollages nocturnes, de levers de soleil grandioses sur la montagne corse, de retours matinaux à Ajaccio, à l'heure du petit déjeuner, ou au crépuscule, encore, quand la baie de Porto se pare de pourpre et d'or pour fêter le coucher du soleil-roi. Certes le camp de base, une nuit, sera détruit par un incendie, certes j'aurai un jour déposé à 2700 mètres une jeune femme en talons aiguilles cueillie trente minutes plus tôt à la descente de la Caravelle Paris-Bastia, munie cependant des papiers officialisant sa mission et déclinant ses qualités de scientifique...

Jamais pourtant je n'aurai compris pourquoi il me fallait laisser mes camarades marins dans l'ignorance de ce que je faisais sur le Cinto.

Aujourd'hui, seule, une petite dalle en béton anonyme et indestructible, marque l'emplacement de « ma » zone de poser, empreinte durable d'une mission passionnante et pour le moins insolite.

Mais, au fait, où exactement se trouve la Corse ?

---

7 - La solde d'un légionnaire n'est en fait que la très petite somme d'argent liquide que ce dernier reçoit sur le terrain, le reste étant mis sur un compte par le commandement après le paiement des diverses dettes (foyer, coopérative etc.).

ALERTE TORPILLE

L'hélicoptère sert à tout. Il vole à la vitesse que l'on veut, repart, monte ou descend à volonté. C'est l'engin rêvé pour observer ou filmer tout ce qui se passe sur l'eau, voire sous l'eau.

Très souvent sollicité pour ce type de mission, j'ai pu suivre des largages de mines par sous-marins, des tirs de torpilles, des expérimentations d'antennes remorquées sous la mer et observer des traces de toutes sortes : bulles, remontées d'huile ou toute autre indiscrétion peu souhaitable pour un sous-marin dont la vocation essentielle est d'être invisible et indétectable, et qu'il convient donc de signaler aux commissions d'essais.

Ces vols sont assez fréquents, se déroulent la plupart du temps par mer calme et temps ensoleillé afin de permettre de bonnes prises de vues, d'où leur côté agréable et leur ambiance sécurisante. Et pourtant...

Aujourd'hui le « Requin » va tirer une torpille de combat. Sous-marin d'attaque à propulsion Diesel, c'est une belle bête de près de 1800 tonnes, un long fuseau d'acier noir qui inspire le respect et la crainte, une masse sombre qui glisse furtivement dans les eaux méditerranéennes, auréolée du mystère, des légendes et des drames de ses prédécesseurs.

Chaque année, une torpille de combat est prélevée sur le stock des sous-marins d'attaque afin d'être tirée. Le but est bien entendu de vérifier l'état de conservation de ces armes, la qualité de leur système de propulsion, de guidage, ainsi que celui de leur explosif.

Cela se fait au Centre d'essais de Méditerranée situé à l'île du Levant : un vaste polygone marin autour d'une île où coexistent dans l'indifférence la plus totale des ingénieurs et des marins pour la partie orientale et les habitants d'Héliopolis pour la partie occidentale. Pendant que les premiers couvrent de signes cabalistiques et savants des tas de feuilles millimétrées, les seconds jouent la transparence la plus totale et laissent au vestiaire jusqu'à leur feuille de vigne...

Mais nous sommes ce matin à l'escadrille des sous-marins pour la « réunion de présentation et d'explication des tâches », que l'on pourrait d'une façon plus commode appeler « briefing », ce qui fait plus bref, si un ministre ne s'était opposé un jour à la « franglisation » de notre vocabulaire professionnel. Ainsi « cocktail » est devenu « coquetèle » pour ce défenseur du purisme gaulois, dressant dans la fonction publique, plus prompte à obéir, un rempart atlantique propre à endiguer le déferlement d'une langue qui vit, elle, avec son temps, celui des bits, des satellites et du laser.

Mais revenons à notre réunion de présent... à notre briefing !

— Il importe avant tout de s'assurer que le plan d'eau est vide de tout bateau.

Le commandant de l'escadrille de sous-marins parle posément. Il s'agit presque de routine d'ailleurs, pas de quoi s'exciter.

— Un patrouilleur emportera à son bord un détachement de fusiliers et un Zodiac pour faire la police. Les deux Alouette assureront la reconnaissance et l'évacuation de la zone.

Quant au tir proprement dit, un bruiteur sous-marin sera disposé par cinq mètres de fond dans la petite anse que vous voyez là (il nous montre une carte détaillée épinglée au mur). Le « Requin » se placera à cinq mille mètres de ce bruiteur. Les Alouette seront à sa verticale. Dans l'Alouette numéro un (la mienne) se trouvera le lieutenant de vaisseau Lucas, observateur, et notre photographe. Dans l'Alouette numéro deux se trouvera la caméra du centre d'essais. Dès le départ de la torpille, les deux Alouette la suivront en route parallèle à deux cents pieds d'altitude jusqu'à l'impact, puis se sépareront et rentreront à leur base directement. Attention aux deux cents pieds, pas question de descendre au-dessous, il y a deux cents kilos d'explosif dans la torpille !

Quelques questions techniques suivent alors, on précise les fréquences radio, les indicatifs, et l'on se sépare.

Il fait très beau. Nous sommes en juin, le mois le plus agréable ici. Le mistral cède enfin de sa vigueur hivernale, l'eau s'est assez réchauffée pour inviter à la baignade, le soleil permet de se découvrir d'un peu plus que d'un fil (et à l'île du Levant on ne s'en prive pas). La Méditerranée est digne de sa réputation : l'azur s'étale, sans une ride à perte de vue.

Sans une ride ? Et là, qu'est-ce que c'est ? Un sillage. Et devant le sillage, un pêcheur. Alors il n'a pas vu l'avis aux navigateurs, celui-là ! Je dirige l'Alouette vers ce franc-tireur de l'hameçon, en fait un petit chalutier rouge et bleu. On passe à basse altitude, balançant l'appareil pour appeler son attention.

— Il nous fait des grands signes d'amitié ! m'informe mon voisin, le lieutenant de vaisseau Lucas.

— D'amitié ? Je n'en suis pas si sûr ! complète le photographe.

Deuxième passe, un peu plus bas. Le signe des bras est cette fois sans équivoque : le pescadou nous envoie chez ses collègues helléniques (nique nique...).

C'est ce que les sociologues appellent l'incommunicabilité.

Je reçois alors l'ordre d'employer les grands moyens. Faute de lui souffler dans les bronches, on va lui souffler dans les filets. Un bon stationnaire au-dessus du bateau devrait lui rendre la vie un peu plus compliquée. Action.

Un peu au-dessus du mât, immobile, comme suspendue, l'Alouette précipite vers le bas les décibels stridents de sa turbine et l'air tumultueux brassé par son rotor.

Mais en dessous, ça vocifère par gesticulations interposées et j'imagine déjà avoir dépassé la Grèce pour me trouver chez les Papous. On a affaire à un dur, un contestataire de la palangre, épineux comme une rascasse, excité des avant-bras, et probablement grand amateur de pastis...

Mon stationnaire se prolonge sans succès. On va donc faire intervenir les fusiliers marins. Je dégage, laissant derrière moi un pont quelque peu perturbé, où les lignes se mêlent aux filets dans le plus grand désordre.

La vue du Zodiac paré de silhouettes guerrières ramène toutefois notre brave pêcheur à la raison et celui-ci finit par détaler.

Le champ est libre, on va pouvoir tirer. Mais l'incident nous a bien fait rire.

La mer est transparente. A quelques mètres sous la surface, une ombre immobile oriente ses tubes vers l'île du Levant...

Les Alouette sont là, prêtes à bondir.

— Cinq ! Quatre ! Trois ! Deux ! Un ! Feu !

Un cylindre surgit à l'avant du Requin, poursuivi par un panache de bulles, petit monstre des temps modernes : une tête chercheuse, des tripes explosives, des nageoires qui propulsent le tout à trente nœuds (plus de cinquante-cinq kilomètres-heure). La torpille glisse sous l'eau, comète sous-marine dissolvant dans le bleu profond un long sillage d'effervescence.

Deux cents pieds. Le cap est bon, la bête va droit au but, semble-t-il. On observe, on filme, on photographie la trajectoire.

Soudain mon voisin s'excite ; il me touche l'avant-bras, me fait signe de virer sur la gauche. Je ne sais ce qui se passe. Ah oui ! la torpille a un peu infléchi sa route sur la droite. Raison de plus pour la suivre. D'ailleurs, à deux cents pieds, on est à l'altitude de sécurité. Le lieutenant de vaisseau n'a pas dû bien écouter le briefing ! D'ailleurs l'autre Alouette continue elle aussi.

Et puis, brusquement, la torpille fait un petit crochet. Elle est maintenant à quelques mètres de la côte. Ce n'est pas prévu. J'amorce vivement un dégagement sur la gauche. Trop tard !

Une onde de choc violente qui rend opaque la bulle de l'Alouette, précède une gerbe immense où l'eau et la caillasse se mélangent dans un tumulte vertical.

L'Alouette est secouée comme un fétu de paille. Mais déjà la bulle redevient transparente et la situation à peu près normale. On est cap inverse maintenant, très émus, un peu pâles à vrai dire... L'autre Alouette est là, elle aussi, qui me signale avoir eu plus de peur que de mal.

L'explication viendra quelques heures plus tard : le bruiteur émergé était alimenté par un groupe électrogène placé en bord de mer. La torpille, au lieu de se diriger vers le but sous-marin, a dévié en finale vers le groupe électrogène et a explosé dans quelques centimètres d'eau !

Je savais que les établissements de Saint-Tropez fabriquaient des torpilles intelligentes. Mais pas à ce point futées !

La clé sera tombée
en cours de route,
Vite vite, mettons nous
tous à sa recherche !

HERGE
Tintin et l'île Noire

1970

MURUROA

— Attention. H moins trente minutes. Le personnel autorisé à observer le tir, à se rassembler sur le pont d'envol.

Un à un, les matelots, les officiers mariniers, les officiers du TCD « Ouragan »[8] et de la section Alouette du Pacifique sortent des superstructures grises et s'attroupent çà et là sur la plate-forme des hélicoptères. L'excitation est grande comme pour chaque explosion. Tous ont à la main les lunettes spéciales qui tout à l'heure protègeront leurs yeux du flash éblouissant.

Sur la mer tout autour, d'autres silhouettes de navires peuplent, le temps d'une journée, un océan habituellement désert. Masses grises des bâtiments de combat, de transport amphibie, ou de soutien logistique, masses blanches des hôtels flottants, anciens paquebots terminant ici une longue carrière commencée sur les côtes africaines.

Mes yeux s'attardent quelques instants sur l'ancien « Brazza » et l'ancien « Foucault » rachetés par la Marine à la Compagnie des chargeurs réunis, et à bord desquels j'avais, enfant, longé l'Afrique occidentale avec mes parents pour rejoindre des postes au Sénégal ou au Gabon. Le temps et la géographie ont parfois de bien curieux raccourcis...

---

8 - TCD : transport de chalands de débarquement. Ce type de bâtiment possède la faculté de s'immerger partiellement pour permettre aux chalands de pénétrer dans ses flancs. Les ponts supérieurs servent de ponts d'envol.

Pour l'heure, tout le personnel, le matériel vulnérable et la petite batellerie ont été évacués de l'atoll sur cette armada hétéroclite, selon une planification méticuleuse et rituelle.

Mais ce ne sont là que d'ultimes préparatifs. Des mois durant, il avait fallu équiper tous les atolls périphériques, ravitailler les légionnaires qui les occupaient, débarquer par hélicoptère ou en chaloupe des tonnes de ciment, d'essence, d'eau, de tôles, de charpentes métalliques, d'engins de travaux publics destinés à implanter des stations météorologiques, des laboratoires de prélèvement, des locaux d'habitation. Dures journées pour les

Mururoa. L'habit de lumière. (Photo X.)

Mururoa. Des statues de ciment. (Photo X.)

Ravitaillement des atolls. (Photo X.)

pilotes jouant avec les rabattants et le roulis des plates-formes, mais aussi et surtout pour les équipes de pont d'envol chariant dans leurs bras pendant des heures des sacs de ciment parfois éventrés, sous les tourbillons des rotors, et que la sueur transformait alors en véritables statues grisâtres aux yeux injectés de sang. Périlleux moments aussi pour les baleinières qui devaient franchir la barrière de corail à un instant savamment calculé, chargées parfois de camions ou d'engins de terrassement, et que seule une vague plus ample que les autres pouvait porter au-dessus des récifs. Tension nerveuse encore pour les commandants de ces bâtiments de transport qui devaient manœuvrer leurs navires pendant toute la durée du déchargement car les atolls plongeaient dans des fonds immédiats de plusieurs centaines ou milliers de mètres, et il n'était donc pas question de mouiller. Il fallait pourtant se maintenir en permanence devant le seul endroit où pouvaient passer les baleinières, ou encore rester à proximité de la terre pour raccourcir les rotations des hélicoptères et économiser ainsi un précieux potentiel. Il fallait concilier l'inconciliable, donner un vent favorable aux hélicos, mais protéger aussi de la houle les embarcations qui accostaient. Avoir l'œil à tout alors que tout pouvait arriver. L'un après l'autre, au fil de ces missions longues et fatigantes, les postes étaient visités, cependant que se soudaient les équipes mixtes de marins et de fantassins chargées d'animer les moyens de déchargement.

Sur l'atoll de Mururoa lui-même, des centaines de techniciens préparaient les tirs tandis que les militaires assuraient la protection et la logistique. Tous se retrouvaient après le travail sur les différents navires-hôtels ou dans quelques clubs de loisir s'égrenant le long du rivage.

Cette population à demi nomade, et presque essentiellement masculine, vivait à l'heure des pionniers et à vingt mille kilomètres des familles restées en métropole. Tous les efforts, toutes les volontés étaient tournés vers les tirs.

Hier, J-1, tous les bâtiments ont appareillé en fin de journée avec leur plein d'hommes de toutes les armées, de toutes les armes, les techniciens et ingénieurs du CEA[9], du Service mixte de sécurité radiologique, d'entreprises de toutes sortes, les cales et hangars regorgeant de matériel, les ponts encombrés d'hélicoptères : des Alouette 2, des Alouette 3, des Super Frelon venus quelques mois plus tôt de la métropole par bateau. Partout des équipements scientifiques ou spécifiques soigneusement essayés et vérifiés depuis des semaines.

Réglant chaque mouvement, s'arrêtant à la moindre anicroche, faisant battre le cœur des hauts responsables tendus par l'angoisse d'un « Pénélope » (mot code évocateur pour le report d'un tir, impliquant de tout recommencer à zéro), le compte à rebours s'égrenait sur toutes les horloges ou sur les ondes.

— H moins quinze, tout le personnel à l'extérieur s'assied la face vers tribord.

Le pont d'envol prend une allure plus organisée. Beaucoup de spectateurs n'ont pas de rôle à jouer très prochainement et ont conservé une tenue de travail normale. D'autres ont déjà revêtu leur « habit de lumière » : tenue bleu ciel des techniciens du CEA, tenue grise barrée de rouge pour le Service mixte de sécurité radiologique, combinaison orange pour les pilotes... Le pont habituellement gris semble soudain couvert de plantes étranges et multicolores prêtes à éclore.

Derrière les dos arrondis, très loin, un peu au-delà de l'horizon, un ballon est suspendu dans le ciel, retenu en bas par des barges. Sous son ventre, invisible à l'œil nu, une masse blanche vaguement parallélépipédique est le centre de mire de centaines d'objectifs et d'appareils de mesure à la pointe de la technologie enfermés dans des bunkers de béton. Dans quelques instants, une quantité gigantesque d'énergie se libérera en une fraction de seconde de ce petit module aux allures anodines.

— H moins cinq minutes, le personnel « à mettre en place » les lunettes anti-flash.

---

9 - CEA : Commissariat à l'énergie atomique.

Les masses multicolores s'agitent quelques instants comme bousculées par un tourbillon de vent, puis les dos s'arrondissent à nouveau dans un ordre militaire. Pour la plupart ce n'est pas le premier tir, pour d'autres c'est le baptême du nucléaire. Mais dans toutes les poitrines le cœur accélère pourtant ses pulsations.

— H moins une minute, prendre la position anti-flash.

Un léger mouvement cette fois ci. Les têtes s'inclinent sur les genoux et s'enfoncent dans les bras qui se croisent. Tout semble figé maintenant hormis le temps qui s'accélère.

— H moins dix secondes... cinq, quatre, trois, deux, un, zéro !

Un souffle brûlant frappe les nuques.

— Vous pouvez vous retourner !

Mouvement de foule. Les membres se déploient, comme des pétales. Un murmure parcourt les spectateurs ébahis. Devant eux une boule de feu n'en finit pas de grossir là-bas, puis monte vers le zénith. Le ciel change de couleur, l'embrasement cesse tandis que la boule se transforme en masse nuageuse, rattachée au sol par une colonne blanche et tumultueuse. Le champignon prend forme. La colonne se dresse de plus en plus nettement, surmontée par une masse énorme et ouatée qui se teinte maintenant de rose. On ne peut s'empêcher de penser à de la « barbe à papa ». Le ciel semble rétrécir, comme phagocyté par ce phénomène diabolique. Une calotte de glace se développe soudain au sommet de la masse violacée, qui la coiffe peu à peu et la recouvre comme un linceul.

La colonne, un peu plus bas, s'est brisée ; les boursouflures supérieures sont accrochées par les vents de la stratosphère, tout se désagrège, se déforme, se répand. Le ciel s'assombrit de plus en plus.

— Dégagez le pont d'envol, les équipages et le personnel du pont d'envol à s'équiper. L'Alouette 455 sur le spot A, la 225 sur le spot unité. Décollage du premier vol dans douze minutes.

Les choses deviennent sérieuses pour nous. Une dizaine de vols vers le « point zéro »[10] ou différents points de l'atoll sont programmés. Les premières missions sont destinées à la

10 - Point Zéro : point du lagon qui se trouve à la verticale de l'explosion.

récupération des films dans le bunker du « point zéro », les autres sont destinées à dresser une carte de la situation radiologique et son évolution.

Nous embarquons dans les appareils qui se trouvent ainsi parés d'orange, de bleu ciel ou de gris perle. Nous ajustons les masques au groin proéminent, et déjà trempés de sueur. Par-dessus le masque une cagoule vient compléter l'étanchéité du dispositif. Il ne reste plus qu'à se sangler et enfiler des gants de chirurgien. Pendant que j'effectue la mise en route et les vérifications cabine, le spécialiste de la sécurité radiologique contrôle une dernière fois ses appareils de mesure sur lesquels repose notre mission. Il s'agit en effet de ne pas exposer les hommes mais aussi les films à des doses prohibitives de radioactivité.

Le décollage des deux Alouette s'effectue sans problème. Le ciel est devenu violet. Le masque restreint considérablement le champ de vision ce qui pour un pilote d'hélicoptère n'est pas une chose des plus agréables. Le laryngophone déforme les voix et les mots. La respiration est difficile. La chaleur moite ajoute à l'inconfort. Tout ceci contribue à créer une atmosphère dramatique.

Nous mettons le cap sur le « point zéro », origine de l'explosion.

Les mesures du compteur Geiger sont satisfaisantes et nous permettent de continuer. L'atoll de Fangatofa, au-dessus duquel a eu lieu le tir sous ballon, apparaît bientôt devant nous. Le lagon a perdu sa couleur émeraude. L'océan lui-même, à l'extérieur de l'atoll, s'est teinté de brun. Au fur et à mesure que l'on approche, on devine la puissance inimaginable qu'a dû dégager l'explosion. Bien que la boule de feu n'ait jamais touché la surface, l'onde de choc, elle, a chassé de l'eau du lagon vers l'extérieur en une sorte de vague centrifuge qui a laissé sur le sol des traces de labour.

Quelques troncs de cocotiers brûlent encore. Nos cœurs sont un peu serrés. Les deux Alouette, en ligne de file, effectuent un tour de reconnaissance cherchant au milieu des décombres un point, le plus proche possible du bunker, pour se poser.

L'atterrissage se fait dans un nuage de poussière justifiant à lui seul nos équipements de protection. Les hommes du CEA se ruent à l'extérieur, se saisissant des mallettes spéciales placées dans des paniers fixés de chaque côté des appareils et destinés à recevoir les fameux films. La Sécurité radiologique emboîte le pas suivie des pilotes qui ont stoppé turbines et rotors, et doivent se mettre théoriquement à l'abri dans le bunker pendant la « cueillette » des enregistrements. Ça « crache » un peu mais pas trop compte tenu du faible temps d'exposition. Toute l'équipe s'approche de la porte du blockaus. L'énorme groupe électrogène qui se trouvait à proximité et qui avait alimenté les enregistreurs et d'autres installations jusqu'au millionième de seconde suivant l'explosion a été balayé et gît, une vingtaine de mètres plus loin, en un amas de ferraille tordue...

Stupeur et perplexité : la clé hexagonale permettant de manœuvrer le volant d'ouverture de l'énorme porte du bunker n'est pas à la place prévue ! Coups d'œil tous azimuts, inspection du volant : il est un peu déformé, ayant été vraisemblablement « frôlé » par un morceau du groupe. Le technicien du SMSR qui tient la comptabilité du danger radioactif fait un grand signe accompagné d'un grognement qui filtre à travers son groin. Repli général !

Les mallettes rejoignent leurs paniers, les turbines sifflent à nouveau, et s'élancent les rotors ; tout le monde se sangle dans les appareils, nous décollons. Dès que l'altitude permet à nouveau le contact radio avec la direction des tirs, un dialogue s'établit entre nos agents du CEA, ceux du SMSR, et les responsables de l'expérimentation embarqués sur un bâtiment de la Marine Nationale qui se trouve encore à grande distance. Des chiffres sont échangés, où clairement sont mis en balance le risque limité de contamination ou d'irradiation de l'équipe et celui de voir des enregistrements irremplaçables voilés puis définitivement perdus.

La décision est prise bientôt et l'ordre tombe : il faut y retourner, rechercher cette maudite clé et récupérer les films. Nous disposons pour cela d'un temps limité calculé au plus juste par les ordinateurs.

Pour la deuxième fois nous soulevons du sol labouré une fine poussière où la terre et le corail pulvérulent se mêlent en un tourbillon menaçant. Le petit groupe multicolore court à nouveau vers la masse de béton, puis se scinde en des silhouettes étranges au dos recourbé comme accablées par la responsabilité qui vient de leur échoir. Curieux animaux aux allures d'extraterrestres avec ce groin que traversent des respirations essoufflées, avec ces pieds recouverts de surbottes translucides, avec ces mains plastifiées qui fouillent dans les décombres. En dépit de ce spectacle volontiers dramatique, je ne puis m'empêcher de penser une fraction de seconde à cet album de Tintin et Milou dans lequel une pie a volé la clé des pompiers. Rire muet et solitaire, peut-être un peu nerveux, derrière un masque dégoulinant de sueur.

Mais un cri jaillit de l'amas de ferraille, ex-groupe électrogène.

— Je l'ai ! je l'ai !

Tel la statue de la Liberté dans un rêve de garagiste, un agent du CEA brandit l'objet tant convoité à la forme pourtant bien banale des outils servant à changer les roues de voitures.

Tout le monde converge vers la porte blindée. Hélas ! nous ne sommes pas au bout de nos peines car la serrure est déformée. Il faut encore frapper à grands coups de clé ce tube récalcitrant, risquant par-là même de briser celle-ci. Derrière nous, l'homme du SMSR scrute son compteur qui crache comme un vieux poste de TSF. Mais, enfin, le volant tourne, et pivote la lourde porte. Rush vers l'intérieur.

Les mallettes sont remplies soigneusement de la précieuse moisson. Un quart d'heure plus tard, le signal du départ est donné par le chef de mission. Le processus de repli est bien rodé : les pilotes sortent les premiers en courant, mettent les appareils en route. Quand tout est prêt, les agents du CEA se précipitent à leur tour, placent les mallettes dans les paniers latéraux, et embarquent, suivis de peu par l'agent du SMSR. Le décollage déclenche un soulagement général. Nous mettons le cap vers notre navire-base, l'« Ouragan ».

A son bord, notre petite histoire a mis en branle un processus de recueil parfaitement étudié : rappel sur le pont d'envol des équipes de contrôle radiologique, armement du sas de décontamination.

La silhouette du TCD se détache un peu plus tard sous un ciel redevenu normal. Les Alouette se posent l'une derrière l'autre sur le pont arrière organisé tout spécialement pour les retours de ce genre de mission. Dès que les rotors s'arrêtent, des hommes équipés comme nous de combinaisons, de masques et de cagoules s'approchent, pointant devant eux des perches inquisitrices, contournent les appareils, investiguent dans le moindre recoin, évaluant notre degré de contamination. D'autres s'approchent maintenant, nous apportant des surbottes de vinyl dont nous recouvrons nos chaussures avant de poser les pieds sur le pont qui oscille doucement. Tous ces gestes ont été répétés maintes fois lors des entraînements et la rigueur s'est faite routine. En file indienne, nous nous dirigeons vers le sas. D'autres hommes masqués nous déshabillent puis nous dirigent vers une douche dont, après maintes ablutions, nous sortons par une autre porte où nous sont remis des sous-vêtements neufs. Nous voici « propres ». Nous n'avons pas été irradiés mais victimes seulement d'une contamination externe faible. Je me dirige vers ma cabine, me sentant un peu nu dans ces coursives désertes et froides.

Sur la couchette, une deuxième tenue de vol m'attend pour le vol de H+2 h 50.

Me reposant quelques instants dans l'attente du prochain décollage, je parcours rapidement des yeux le tableau publié par le général Ailleret dans son livre « L'aventure atomique française » et qu'il a lui même puisé dans un ouvrage américain, « Our Nuclear Future » des savants Ed Teller et A. Latter. Il indique le raccourcissement moyen probable de la vie dû à chacune des causes envisagées :

Peser 10% de plus qu'on ne devrait	1,5 an
Fumer un paquet de cigarette par jour	9 ans
Vivre dans une grande ville	5 ans
Rester célibataire	5 ans
...	
Un roentgen de radiation	5 à 10 jours
Tout le « fall out » (1958)	1 jour

Je réalise alors qu'avec tout ce que nous avions transpiré pendant cette mission... nous avions des chances de vivre un peu plus longtemps que les copains !

1970

NOEL AU TCHAD

Toute la journée, un vent brûlant nous a couverts d'une poussière plus fine que le plus fin des sables.

Indiscrète, insidieuse, pénétrant au plus intime de nos affaires, de nos vêtements et, par l'effet moral, de nos esprits.

L'obscurité s'installe maintenant et plus grand encore est notre désarroi. Des petits groupes se forment, par affinité, par spécialités, par hasard.

Le vent est tombé tout à l'heure, la fraîcheur s'est installée, le froid même, qui rapproche les gens et invite aux confidences.

Mécaniciens, pilotes, « pingouins » de tous grades sentent peser au-dessus d'eux l'immense voûte étoilée qui, au-delà de la troposphère, par-dessus les étendues de rocs et de dunes, relie les hommes du désert. Etait-elle passée là cette étoile étrange qui, il y a presque deux mille ans, avait décidé Balthazar à entreprendre sa longue marche vers Bethléem ?

Car ce soir, Noël nous surprend aux confins méridionaux du Tibesti, loin de nos familles, éberlués encore de l'extravagante migration de notre flottille partie trois semaines plus tôt de Toulon, et installée depuis hier en bordure de la palmeraie tchadienne de Faya-Largeau.

Tout avait commencé quelques mois auparavant, lorsque, à la suite d'une sanglante embuscade dressée par les rebelles Toubous à l'encontre de nos parachutistes, les gouvernements français et tchadien avaient décidé une manœuvre d'envergure permettant à nos forces d'effectuer quelques opérations « coup de poing » dans le Borkou, l'Ennedi et le Tibesti.

Il fallait pour cela des hélicoptères. L'Armée de Terre n'avait pas encore ses Puma et n'avait plus ses « bananes », l'Armée de l'Air érodait dans les sables tchadiens ses derniers Sikorsky. Seule la Marine pouvait mettre en ligne les douze HSS de la flottille 33 F, une unité constituée et entraînée à ce type de mission depuis la guerre d'Algérie.

Alors tout avait été très vite à la base aéronavale de Saint-Mandrier : préparation du matériel, rassemblement des conteneurs, ultime entraînement dans les Alpes-de-Haute-Provence, embarquement enfin sur le vieil « Arromanches » qui allait effectuer là sa dernière mission opérationnelle.

Le 3 décembre, ce bon vieux porte-avions qui avait déjà fait l'Indochine et Suez franchit les passes de Toulon sans fanfares ni tambours : « Sortie de routine ! » Pendant quinze jours il contourne la côte occidentale d'Afrique, évitant toute rencontre, et le 16 décembre il approche Douala. Les fonds sont faibles, il doit rester au large. L'air est moite, tout est noyé dans une brume épaisse. L'humidité équatoriale enferme le ciel et l'océan dans le même cocon ouateux.

Déjà, sur le pont, les moteurs pétaradent l'un après l'autre, puis leur régime s'affermit. Après l'essai des magnétos, ce sont les montées en puissance, les cellules qui se soulèvent quelques instants sur leur train d'atterrissage, tandis qu'à leur bord tout vibre terriblement.

Les équipages sont en nage depuis longtemps, leurs combinaisons de vol trempées. Les pilotes imaginent déjà le long périple qu'ils vont bientôt accomplir : la remontée du Cameroun en deux jours jusqu'à Fort-Lamy, puis, après un bref repos, la remontée du Tchad. La distance Paris-Moscou au-dessus de la forêt équatoriale puis du Sahel et, enfin, du Sahara.

— Caïmans bleus de Bleu leader, contact !

— Bleu deux, cinq-cinq, paré.

— Bleu trois, cinq-cinq, paré.

— Bleu quatre, cinq-cinq, paré.

— Avia, les bleus parés.

— Caïmans bleus d'Avia, vert décollage!

Par vagues de quatre, les HSS décollent ainsi dans la grisaille. Les appareils sont très chargés. Ils roulent d'abord sur le pont, essaient d'accrocher quelques filets d'air. Puis c'est la sortie de pont, l'enfoncement vers les eaux glauques, la remontée enfin, à l'arraché. A la passerelle de l'« Arro »[11], les respirations redeviennent normales. Le chef Aviation nous souhaite bonne route :

— Il y a douze appareils, je veux en voir autant à votre retour dans trois mois !

Sous les hélicoptères le trait de côte surgit bientôt, mince feston de sable coincé entre la forêt et la mer.

— Rouge deux, limaille !

— Rouge quatre de leader, vous le suivez !

Le pilote du « Rouge deux » vient de voir une alarme s'allumer sur le tableau de bord. Il baisse instantanément le « collectif », plongeant en même temps vers la plage et soulageant son moteur. Poser en catastrophe dans un nuage de poussière, suivi de près par le numéro quatre. Le leader et le « trois » orbitent. Rien de cassé pour les deux premiers. Le leader et le « trois » se posent peu après à proximité, avec un peu plus de précautions cette fois. Rien de grave côté moteur pour le « deux ». Il en est souvent ainsi. L'alarme « limaille » est conçue pour signaler une détérioration du moteur pouvant entraîner son blocage brutal, ce qui explique la réaction rapide du pilote. Mais parfois l'alarme, comme toutes les alarmes, a ses défaillances et déclenche sur un faux contact. Il n'est pourtant pas question de faire la moindre impasse.

Les quatre « Rouge » redécollent une heure plus tard après avoir été survolés par les deux autres vagues de « Caïman ».

L'incident, mineur en soi, va travailler maintenant tous les esprits, car cette fois-ci il y avait une plage. Désormais il n'y a plus en dessous de nous qu'un immense tapis végétal, épais de plus de

11 - « Arro » : abréviation d'« Arromanches ».

soixante-dix mètres, sans clairière, sans route visible, capable de refermer pour l'éternité la densité des lianes et des branches sur une malencontreuse épave, gigantesque plante carnivore pour les insectes d'acier et de magnésium que sont nos hélicoptères.

A bord des appareils le silence s'établit peu à peu sur le réseau du téléphone de bord. Chacun admire la grandeur du spectacle, la majesté angoissante de la forêt. Les odeurs de l'Afrique imprègnent nos narines : parfum de terre humide, remugles de végétation et de putréfaction mélangés. L'Afrique s'est emparée de nos corps, elle s'empare maintenant de nos esprits.

La réalité nous surprend ; jusqu'ici tout semblait se dérouler comme dans un rêve : la mise en alerte à Toulon (il y en avait déjà eu tant, sans lendemain), le départ, le transit maritime, les interrogations, les doutes...

Maintenant nous y voilà. Nous, marins, laissons en mer les coques grises hérissées d'antennes. Devant nous, d'autres immensités, végétales d'abord, puis minérales. Nous pénétrons au cœur du vieux continent.

Les « moulins » tournent rond depuis des heures. Quelques haltes nous ont permis de déplier les jambes ; nos bras se sont activés sur les pompes « Japy » pour faire les pleins d'essence. La logistique nous avait précédés, sous la forme de fûts, par la route.

L'enthousiasme du début a fait place à la torpeur et seules les vibrations de nos machines nous tiennent en éveil.

A l'étape de Ngaoundere, la fraîcheur nocturne délasse les nerfs, une bonne douche efface la sueur de cette longue journée.

La nuit tombe vite. Après un repas frugal, les hommes s'allongent sous les moustiquaires, les paupières se referment sur des pensées familiales ou des rêves de gloire. La fatigue a eu raison des angoisses.

Le lendemain, dans la fraîcheur très matinale, les douze appareils s'ébrouent à nouveau. Les premiers grondements des moteurs arrachent des cris à la forêt endormie, des oiseaux s'enfuient, lourdement. On imagine d'autres fuites, cachées, galopantes ou rampantes sous les grands arbres. Nous décollons.

Au bout de quelques heures nous survolons la région de Tibati, une savane inondée où les hasards du vent ont orienté les grandes herbes couchées dans l'eau, dessinant à l'infini de gigantesques irisations végétales. Le silence radio est brusquement rompu :

— Les Rouges, colonne !

Puis encore :

— Les Bleus, colonne !

L'excitation nous réveille. Que se passe-t-il ? La dernière vague voit mal sur l'avant. Très vite maintenant c'est notre tour.

— Les Verts, colonne !

C'est alors une longue chenille qui descend du ciel, douze hélicoptères, moteurs réduits, qui font une approche sinueuse sur l'« objectif ».

— Eléphants à une heure !

Le pare-brise est poussiéreux, le soleil nous gêne, nous nous penchons à l'extérieur. C'est le choc, l'émotion : plus de trente éléphants se sont mis au galop à notre approche, soulevant des gerbes d'eau sombre. Les trompes se dressent vers le ciel. On devine les barrissements de colère. Nous tournons autour du troupeau, encerclement dans la troisième dimension. Un grand mâle se dresse. En bas c'est la panique. Le commandant, qui se trouve dans l'appareil de tête, prend pitié et rompt ce jeu inégal.

La chenille mécanique, alors, se déroule, reprend son vol rectiligne, les trois vagues se reforment en dispositif de navigation.

L'heure qui suit nous accorde le survol de girafes, d'autruches, de gazelles. Nous survolons la grande réserve de Waza, proche de la frontière tchadienne.

Mais le soleil commence à faiblir. Devant nous, un ruban de lumière illumine le paysage. Le Chari est en vue et , juste derrière, s'étend Fort-Lamy, la capitale du Tchad, notre étape de repos pour quelques jours.

Trop courte hélas cette halte ! Visite rapide de la grande ville africaine, grouillante, éblouissante, où les boubous multicolores côtoient le coton blanc sale des plus pauvres ; l'air est surchauffé, tout imprégné d'odeurs fortes : fruits trop mûrs, mangues éclatées, viandes, poissons séchés, eaux putrides aussi, charognes au fond des caniveaux. Lumières, couleurs, cris, senteurs, tout est intense, nous sommes abasourdis. Achats hâtifs et maladroits de nos premiers souvenirs : quelques poignards gainés de cuir, petites statuettes de laiton, divers petits objets en ivoire, un peu de maroquinerie trop odorante...

Le dernier jour se termine par un « cocktail » militaire : une compagnie de la Légion étrangère rentre en métropole après avoir tenu la brousse. Notre flottille fait le chemin inverse. « Pompons rouges » et « képis blancs » échangent des propos animés et amicaux où les accents, germaniques, provençaux ou bretons, se mêlent joyeusement.

22 décembre. Tout est rassemblé, recompté, bien saisiné dans les appareils. Les provisions d'eau font l'objet d'un soin particulier (on ne sait jamais !). Pour la première fois, les pilotes emportent dans un holster un pistolet réglementaire. A l'arrière, dans le cargo, quelques fusils de guerre et de chasse sont à portée de la main.

Il est six heures. L'air se réchauffe déjà. C'est bientôt le départ pour ce long vol qui, de Fort-Lamy, va nous mener au-dessus du Sahel puis du désert saharien.

Quelques gazelles, des autruches, soutiennent d'abord notre attention, puis vient l'ennui, l'effarante monotonie du sable éblouissant, des dunes à perte de vue dans une chaleur accablante, cependant que les vibrations de nos machines nous moulent impitoyablement les reins.

Koro Toro est un tout petit fort perdu dans ces immensités. Des camions y ont déposé nos fûts d'essence. Nous y arrivons avec des réservoirs presque à sec. Pour ne pas manquer ce rendez-vous... essentiel, l'Armée de l'Air fait orbiter un Nord-Atlas mieux équipé en moyens de navigation, et qui nous a guidés.

Tandis que nous pompons le carburant, des dromadaires se bousculent, tout près, autour d'un puits, véritable raison d'être du fortin, et boivent goulûment et sans aucune distinction. Eux aussi viennent de loin !

Deux heures plus tard, nous découvrons au loin une grande plaque vert sombre. Des points blancs y accrochent les rayons pâlissants du soleil. Faya, la grande palmeraie du Nord, se déroule enfin sous nos yeux.

Nous atterrissons. Un vent froid nous cueille, chargé d'une poussière pulvérulente. Pendant une heure encore il nous faut décharger les appareils, les camper, rassembler nos bagages. Des camions nous emmènent enfin vers notre camp : d'anciens baraquements en marge de la palmeraie. Il faut dégager les portes du sable qui les bloque. A l'intérieur des chambres, tout est poussière. Nous pensons un instant aux pilotes de ligne, aux Hilton où ils se délassent dans le luxe des palaces internationaux... à leurs revendications syndicales !

Demain tout sera à faire. Pour l'instant il faut rapidement penser au dîner : quelques conserves rapidement réchauffées, un peu de pain qui grince sous les dents.

Après une maigre douche couleur de rouille, les corps courbaturés se coulent sous la couverture rugueuse de l'intendance. Les yeux rougis se ferment sur des pensées de sapin et de guirlandes. Car si personne ne veut en parler, chacun songe pourtant à ce Noël étrange.

24 décembre. Nous avons eu très froid cette nuit et au petit matin, mais à dix heures, l'air est déjà brûlant. Les hommes se protègent la tête comme ils le peuvent : chèches maladroitement enturbannés, chapeaux de brousse, et, surtout, lunettes antipoussière nous donnant des allures de Rommel. Quelques bonnets et pompons rouges résistent encore. On pense à « Un taxi pour Tobrouk ».

Toute la journée est consacrée à l'aménagement de la base et la remise en condition des appareils.

18 heures. Il fait nuit maintenant, et froid. Les corps sont fatigués, à peine remis du long périple qui nous a amenés ici et du travail des dernières heures. Mais les esprits, plus disponibles, s'éveillent car cette soirée n'est pas comme les autres. Le matelot Jean, un peu à l'écart, a sorti un harmonica. Les premières notes

sont timides. Il n'osera pas un « Stille Nacht », par pudeur. Pourtant ses camarades se rapprochent : les jeunes plaisantent plus volontiers. Eclats de rire autour du feu. Lcs autres, les pères de famille, les romantiques, sont encore silencieux. On ne sait pas ce que sera cette nuit. Comment fêter Noël quand on n'a rien ? On ne sait rien de ce pays, on ne sait rien de l'organisation militaire qui nous a placés ici, cette nuit, comme sur un échiquier, démunis, désorganisés, désorientés... Il n'y a rien de dramatique, pas de danger en tous cas. Simplement l'on se sent paumé, navigateurs échoués au cœur de terres insolites, le jour le plus mal choisi pour ça !

20 heures. On a dressé des tables sous des tentes. Les groupes se rapprochent, sans conviction. On attend quoi ?

20 h 35. Un bruit d'avion suspend les conversations. Indistinct d'abord, puis plus précis. On s'essaie à des diagnostics. Un « turbo-prop » certainement, ce doit être un Transall. Un des tout premiers mis en place au Tchad en évaluation opérationnelle. Que fait-il ici cette nuit-là ? L'avion surprise s'est posé là-bas sur la piste. On entend le rugissement du « reverse »[12]. Silence. On envoie un camion. Attente. Trente minutes se sont passées lorsque l'on entend à nouveau les turbines rugir. Le Transall repart !

Et puis voici notre camion qui revient. Le chauffeur est radieux. Dans ses yeux, la joie d'un Père Noël. A sa droite, un drôle de militaire. Si l'habit ne fait pas le moine, l'uniforme ne fait pas le guerrier. Il s'agit en fait de l'aumônier catholique : le Transall ce soir fait la tournée des postes éloignés. Inaugurant dans les forces françaises la méthode américaine, il nous apporte en plein désert huîtres, dinde et champagne, réveillon des corps, mais aussi un prêtre, réveillon des âmes.

Une très belle messe de... 22 heures est aussitôt organisée en plein air. Les étoiles semblent plus brillantes encore. Les yeux

---

12 - « Reverse » : pour se freiner sur la piste après atterrissage les avions peuvent inverser le flux d'air ou de gaz (hélices ou réacteurs), ce qui est en général très bruyant.

aussi luisent plus qu'à l'accoutumée. On ose cette fois un « Minuit chrétien ». Les voix se renforcent, comme si surgissait en nous une énergie nouvelle...

La dinde, les huîtres, un peu plus tard, seront attrapées à pleins doigts (les couverts n'arriveront que dans plusieurs jours). Le champagne, bien que tiède, est ce soir le meilleur du monde.

Quelque part, très haut, un équipage s'affaire derrière son tableau de bord. Les petites lumières qui y scintillent seront cette nuit ses uniques guirlandes. Merci l'Armée de l'Air, on n'oubliera pas ça !

MAYOUGA

Cette fois-ci, on sent confusément que ce sera sérieux. Depuis le 12 janvier pourtant, l'opération « Bison » est lancée. Des héliportages, des vols de renseignements et d'observation ont eu lieu, mais ce furent chaque fois des coups d'épée dans le sable.

Après-demain nous agirons sur un renseignement sérieux, et il va y avoir du monde !

L'opération vise Mayouga : un amas de rochers qui contrôle une piste chamelière quelque part dans le nord-est. Un groupe de rebelles y séjourne, habilement protégé dans les profondes cavités qui séparent de gros blocs de roche basaltique.

Il faudra effectuer un poser d'assaut, leur sauter littéralement sur le caillou. Mais, compte tenu de la chaleur, nos hélicoptères ne pourront voler très longtemps si l'on veut qu'ils transportent un nombre de troupes significatif, il est donc nécessaire d'établir au préalable une base avancée distante d'une cinquantaine de kilomètres, au plus, de l'objectif. La plaine de Gouro a été choisie pour cela. Entourée de hauteurs parfois abruptes, c'est une vaste étendue d'argile et de pierres où les Nord-Atlas pourront se poser. Une piste y aboutit aussi, permettant à des camions gros porteurs de nous apporter les fûts d'essence et la grosse logistique. Encore faut-il être sûr du terrain, et la région n'est pas des plus saines. La « prise » de Gouro représente donc une opération préalable à celle de Mayouga.

21 janvier, 14 h 30. Un hélicoptère canon décolle de Faya suivi de peu par deux vagues de trois HSS. Le décollage est rendu aisé, malgré la chaleur, par le vent qui balaie chaque jour cette base.

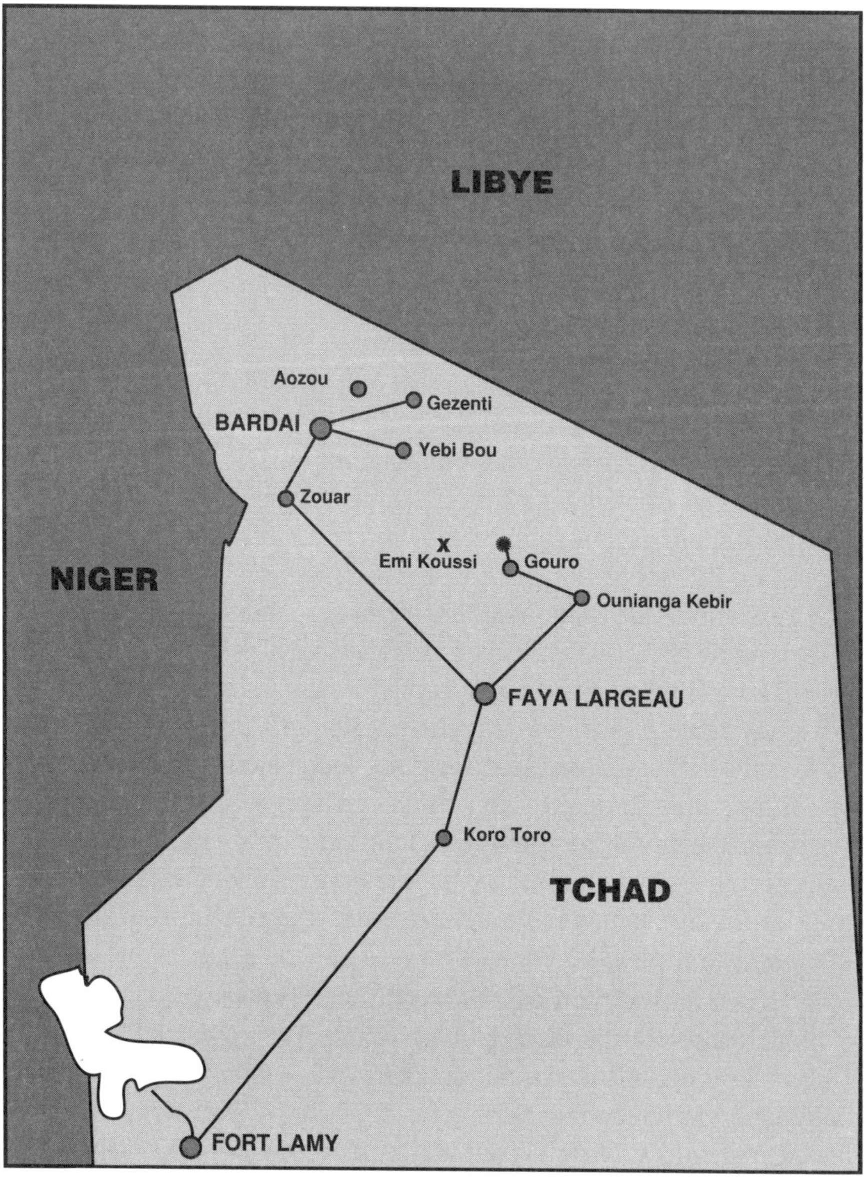

Partout autour, des dunes élevées dessinent un océan tumultueux. Soudain, au bout de deux heures de vol, une tache éblouissante brise la monotonie des sables. Un point d'eau ? Plus que cela, mieux encore : un lac, un très grand lac, qui au fur et à mesure de notre approche nous livre sa couleur bleue, ses irisations de sel, son rivage ocre habillé de palmiers, ses falaises de roche rouge : Ounianga Kebir.

Lentement la colonne d'hélicoptères descend puis se pose le long d'un alignement de fûts d'essence. Pas très loin, une colonne de véhicules, dont quelques automitrailleuses, est prête à partir. Sur notre droite, un vieux fort saharien s'accroche à la falaise, image d'un autre temps rendu, pour une nuit, à sa vocation guerrière.

Tandis qu'une fois de plus nous pratiquons la pompe « Japy », notre pacha et son officier opérations vont, sur le capot d'un « command car », mettre au point la « prise » de Gouro avec le capitaine parachutiste qui commande le convoi.

Une heure plus tard, le soleil semble s'effondrer, comme épuisé, vidé de son énergie : une flamme qui meurt et dont les dernières lueurs accrochent des petits nuages de poussière qui s'égrenent au loin sur la piste en direction de Gouro : la colonne motorisée est partie, cahotante, rugissante, avec son plein de fûts, de matériel, et d'hommes en armes.

Nous, marins, restons pour la nuit, et d'ailleurs un vent violent agite ce lac d'un bleu de plus en plus sombre, lui donnant un petit air de Méditerranée sous le mistral, ce qui n'est pas pour nous déplaire. Le vieux fort n'est qu'un abri précaire ouvert à tous les sables. Chacun trouve sur le sol un coin où dérouler son duvet. Mais le froid, pas loin de zéro degré, et l'excitation nous rendent le sommeil bien difficile !

22 janvier. Le décollage a lieu à six heures. Les doigts sont gourds, nous sommes frigorifiés malgré les blousons de vol fourrés. Mais nous savons que très vite nous aurons chaud car dans quelques heures il fera près de 40 °C !

Les héliportages se déroulent sans problème à Gouro. Quelques rafales de 20 mm distribuées autour des points de poser par l'hélico canon, et les troupes du 6e RIAOM débarquent aussitôt, se tapissant derrière chaque caillou. Mais il n'y a pas d'adversaire. En bas, la plaine immense s'étend vers le sud, à notre entière disposition.

En moins d'une heure, des Nord-Atlas d'abord, puis des Transall débarquent des troupes mais aussi un hôpital de campagne qui se dresse rapidement. Un autre hélico canon vient nous rejoindre, comme prévu, ainsi que quatre « cargos » de la 33 F. Une Alouette 2 de l'Armée de l'Air servira de PC volant. Deux avions Sky Raiders assureront l'appui feu si nécessaire.

Le soleil est encore bas. Sur la terre craquelée par la sécheresse, les ombres s'allongent démesurément. Un ultime briefing réunit parachutistes, marins et aviateurs. Sur le tableau des vols de la flottille, les noms des équipages sont inscrits en face de chaque appareil. Il y a des déçus bien sûr, car tous voudraient être de la première vague. Mais la journée sera longue et chacun aura sa part.

Dans un premier temps, l'assaut sera donné par deux vagues de quatre « cargos » chacune, appuyées par deux « canons ». Deux rotations sont prévues entre Gouro et Mayouga, chaque hélicoptère transportant sept parachutistes.

Ce n'est pas une grande bataille ! Dans le désert les espaces sont immenses et la présence humaine ridiculement insignifiante. Les groupes armés sont en rapport avec la capacité nourricière du terrain... Les marins savent que la mer aussi est vaste et que pour trouver un sous-marin il faut tomber pile dessus. Aurons-nous plus de chance, cette fois, avec les rebelles ?

8 h 15. A l'heure prévue les deux canons décollent, soulevant un nuage de poussière. Le 20 mm hérité de l'Algérie dépasse par leur porte tribord. A leur bord respectif : le LV Tourel, commandant la flottille et l'officier des équipages Schwartz, officier opérations. Le commandant, qui va assurer en l'air la direction des héliportages, a pour copilote un « solide », le premier maître Rouchy.

L'Alouette 2 décolle à son tour. La vague de « Caïmans bleus » dont je fais partie comme copilote, suit peu après, puis c'est le tour des Rouges.

Vingt minutes de vol environ sont consacrées à une navigation soigneuse. Chaque dune, chaque barre rocheuse est identifiée par rapport à de remarquables cartes d'origine américaine. Dans le cargo, le mécanicien épie par la porte tout mouvement insolite au

Gouro. Les paras se dirigent vers les appareils. (Photo F. Paillard.)

sol. Les pilotes ont pour la plupart mis leur gilet pare-balles, renonçant cependant au casque blindé décidément trop lourd pour les vertèbres cervicales déjà éprouvées par les vibrations des appareils, et , de plus très mal équipés en visières et micros.

Le silence radio est total. Il reste en principe cinq minutes de vol à effectuer. Dans nos écouteurs retentit soudain un échange de communications assez vif entre le commandant de l'opération (un parachutiste) et notre commandant, d'où il ressort qu'il faut se poser tout de suite, sans même traiter la zone au canon, comme c'est la coutume. Tout se précipite alors. Nous nous mettons en ligne de file et descendons rapidement en direction d'un piton rocheux au sommet duquel une arête assez large permet le poser de groupe.

L'atterrissage se fait assez lourdement dans l'inévitable nuage de poussière. Les paras jaillissent des hélicos, courant comme des lapins, cherchant aussitôt l'abri d'un rocher ou celui d'un trou. Nous repartons dans le vacarme des vieux moteurs à pistons. Nous n'avons rien vu de particulier et nos pétarades couvriraient un tir d'artillerie !

Dès que l'altitude est suffisante, nous faisons demi-tour pour rejoindre Gouro et entreprendre la deuxième rotation. Il n'y a pas une minute à perdre car les pleins d'essence ont été calculés au plus juste.

A peine à la route inverse, on entend quelqu'un crier sur la fréquence des troupes au sol :

— On s'est fait allumer, j'ai un blessé et un tué, je demande « Evasan[13]» urgente !

Diable ! On s'est posé en plein sur les rebelles, les coiffant par surprise. Nous apprendrons plus tard qu'un rebelle prisonnier se trouvait dans l'Alouette de commandement et que c'est lui qui, au dernier moment, avait désigné le fameux piton, mieux identifié peut-être « in situ » que sur des cartes ou des photographies. Etait-ce un malin, pensant au traquenard, ou un « repenti » avant l'heure ?

Aucun hélicoptère n'a été atteint pendant notre poser. Pourtant, dès sa sortie d'un de nos cargos, le sergent-chef Cortadellas, fils du général commandant les éléments français au Tchad, a pris une balle en pleine tête. Il faut le sortir de là.

Pendant notre retour vers Gouro le contact radio est rétabli avec la base avancée qui y a été installée. Un hélicoptère va décoller pour assurer l'évacuation sanitaire. L'équipage qui déplorait de rester sur la touche va maintenant se trouver au premier rang de la mêlée !

Protégé par le « Caïman Canon » et couvert du sol par les troupes du capitaine Kanal, le chef de bord pose son appareil là où nous étions posés quelques minutes plus tôt. Le mécanicien de bord et le médecin de la flottille sautent à terre, un brancard à la main. Il faut courir dans la caillasse. On leur tire dans les jambes. Le chef de bord garde son régime moteur, imperturbable malgré les impacts visibles au sol, prêt à redécoller en catastrophe.

---

13 - « Evasan » : évacuation sanitaire.

Le blessé est ramené dans l'appareil, porté par les deux marins essoufflés. Le jeune Cortadellas mourra malheureusement quelques heures plus tard, dans l'avion qui l'emmènera à Fort-Lamy.

Le sort a voulu que, quelques mois plus tôt, l'un des fils du Derdeï, chef de la rébellion du Nord ait, lui aussi été tué au combat. Qui, de Dieu ou d'Allah, tient la balance ?

Mais nos huit cargos reviennent maintenant sur Mayouga pour la deuxième rotation. L'approche se fait à basse altitude et, cette fois-ci, l'on doit poser les troupes au fond de l'oued, pour un bouclage total. Les rebelles ont démasqué un fusil-mitrailleur. Il faut se poser un peu plus loin et dégager vivement dans le relief. Cela ne dure que quelques instants...

Quelques heures plus tard, alors que tous les cargos sont posés à Gouro et que nous prenons un repas assaisonné au sable, le commandant revient avec le Canon. Il est en l'air depuis plus de trois heures et son équipage espère pouvoir se reposer un peu. La visite après vol permet de découvrir un impact de balle dans la queue de l'appareil. Rien de grave. Vite, à table !

C'est Schwartz qui a relevé sur zone notre pacha avec le second Canon. Il a dû prendre comme copilote Morel, un jeune second maître, son habituel copilote étant parti impromptu effectuer les évacuations sanitaires.

Il trouve sur place une situation des plus confuses, où rebelles et parachutistes sont au contact, presque imbriqués. De l'altitude de sécurité à laquelle il doit théoriquement se tenir, on ne voit pas très bien ce qui se passe, et il craint de tirer sur nos propres troupes. Au bout d'un moment, il décide de descendre au ras du piton, comptant sur son canon pour faire rentrer les têtes rebelles le temps d'un passage, afin de refaire le point des positions.

Mais alors qu'il passe au plus près, son canon s'enraye. Une mitrailleuse Hotchkiss tire aussitôt d'une anfractuosité. Plusieurs projectiles touchent l'appareil dont deux à quelques centimètres de sa tête. Aux commandes, soudain, tout se durcit, les alarmes s'allument, l'appareil n'est plus très pilotable... Schwartz le pose droit devant, imprimant dans le sable une trace profonde et sinueuse. Bonnal, le tireur canon, a reçu un éclat à l'épaule gauche. Tout le monde saute à terre et s'abrite derrière les roues de l'appareil. De là-haut ça tire toujours. Il n'y aucun abri à proximité. Quatre personnes, à plat ventre, agglutinées derrière une roue !

Les parachutistes qui ont observé la scène croient qu'il y a des blessés graves. Ils envoient leur infirmier, mais celui-ci se fait aussitôt faucher et prend une balle dans l'aine. Il ne pourra être dégagé que plusieurs heures plus tard. Par miracle, son artère fémorale n'est pas touchée, il survivra.

Mais quelque chose se met soudain à couler sous l'hélicoptère. L'équipage pense aussitôt à de l'essence. Plus question de rester là ! On risque de griller ! Les uns après les autres nos rescapés du moment entament dans le sable une superbe course de zigzag avant d'être recueillis quelques centaines de mètres plus loin par les parachutistes.

Quelque temps après, nous venons avec deux HSS cargos les récupérer. Devant nous, deux Sky Raiders de l'Armée de l'Air font des passes de tir sur le piton, larguant chaque fois des roquettes. Nous atterrissons à distance raisonnable. D'un coin de l'oued, on voit surgir nos quatre rescapés, dont l'un, de son bras droit, tient le gauche, étroitement. C'est Bonnal qui ne doit pas apprécier particulièrement cette course dont chaque foulée réveille l'épaule meurtrie.

Nos rotors leur imposent une ultime épreuve : les tourbillons de sable. Ils sautent à bord.

De retour à Gouro, notre jeune second maître pilote craque un peu, côté nerfs. Il est bien excusable ! Et dire que ce matin il était furieux de ne pas être inscrit sur le tableau des vols !

Notre pacha, bien sûr, a dû repartir avec le seul hélico canon restant. Rouchy est toujours le copilote aux commandes. Il rentrera ce soir épuisé après plus de sept heures de pilotage au contact dans la journée...

23 janvier. La bande rebelle a été détruite en grande partie. Une autre partie, incroyablement, a pu s'enfuir pendant la nuit, emmenant même ses blessés graves.

Nous retrouvons ce matin le piton de Mayouga. Notre Canon abattu est là, bien touché par une quinzaine d'impacts, mais en fin de compte il est réparable sur place et il rentrera avec nous. Dans le cargo, une réserve d'eau fraîche a été trouée de part en part. Le liquide qui s'y trouvait a provoqué la frayeur que l'on sait...

L'emplacement est retenu comme PC de flottille avancé. Les hélicoptères y stationnent, placés en alerte-héliportage. Car la chasse aux fugitifs est lancée. Entre deux vols, nous parcourons le piton, découvrant au sommet un cadavre toubou à quatre-vingts mètres de l'endroit où nous avions effectué le poser d'assaut la veille. Oui, on leur avait vraiment sauté sur le caillou !

D'éboulis en éboulis nos yeux saisissent les images dures de la guerre. Corps brisés, ventres éclatés, regards figés dans la souffrance ou l'étonnement. Qu'ils étaient jeunes, aussi !

Les héliportages se succèdent. Poursuites, saisie des points d'eau, longues alertes au pied des appareils. La logistique s'essouffle. On nous parachute de l'eau car celle des puits n'est pas fiable. Le résultat de tant d'efforts sera pourtant maigre. On reste admiratif devant l'endurance de nos adversaires et leur résistance à la souffrance ! Côté paras ce n'est pas mal non plus. Ils ont une sacré frite !

Au bout de quelques jours, l'opération est démontée. La plaine de Gouro retrouve sa nudité minérale. Nous rentrons à Faya-Largeau pour regonfler le potentiel, celui des hommes et celui des machines.

Sais tu même qu'il est
des déserts où l'on dort
dans la nuit glacée, sans
toit, mademoiselle, sans
lit, sans drap...

Saint-Exupéry
Terre des hommes

BARDAI

La suite de ces opérations dure deux mois encore, pendant lesquels alternent les périodes de repos, ou de remise en condition du matériel, et les opérations proprement dites. Celles-ci d'ailleurs sont curieusement liées à des négociations menées avec les rebelles à partir de Fort-Lamy par l'ambassadeur de France, monsieur Fernand Wybaux. Oui, celui que l'on retrouvera plus tard à Dakar face au Polisario de Mauritanie, puis à Beyrouth, en 1983, à Nouméa enfin, en tant que haut-commissaire. Un homme de terrain lourd, en somme... Quelles que soient les raisons de ces négociations, il est clair que sur les lieux de l'action l'effet en est assez frustrant, car à plusieurs reprises un assaut soigneusement préparé et précédé d'une mise en place coûteuse, est annulé au dernier moment, ou retardé, ce qui aboutit de toute façon à un bilan nul. De plus l'adversaire est ménagé. On interdit l'utilisation de certains armements, dévastateurs il est vrai, ainsi que la destruction des stocks de vivres trouvés dans les caches.

C'est ce que l'on appelle « pacification », un stade intermédiaire entre la guerre et l'« interposition », une sorte de combat limité qui préserve l'avenir en laissant ouvertes des portes de sorties honorables...

Alors que dire de ces deux mois ?

Ils sont trop exceptionnels pour un marin pour les taire tout à fait. Car nous faisons en cette période un périple « touristique » des plus inattendus, et qui deviendra en tout cas inconcevable à partir de 1973. Ce périple qui ne s'adresse qu'à des visiteurs bien armés et nécessite en outre un minimum de précautions n'est autre que le tour du Tibesti.

Le Tibesti est au Tchad, et en plus haut encore, ce que le Hoggar est à l'Algérie : un très haut massif montagneux perdu dans les confins sahariens bien au-delà de ce que l'on appelle en ce moment la « Ligne rouge » inventée en 1985. C'est une cathédrale de roc qui domine une étendue gigantesque couverte de dunes, le Sahara. Beauce infinie où la blondeur des blés a fait place à l'or de sables balayés par le vent, et qui déborde au-delà des frontières artificielles, sur la Libye et le Niger.

Une cathédrale, oui, assise, paradoxe maçonnique, sur une base triangulaire dont chaque côté mesure plus de trois cents kilomètres ! Une cathédrale, avec ses pics élevés, ses monolithes sculptés par les vents, ses multiples clochetons basaltiques, ses roches découpées par les millénaires en figures fantastiques, gargouilles démesurées, ses allées secrètes et profondes, tortueuses comme les cheminements de l'âme, ses cryptes cachées où l'on découvre des fresques incroyablement préservées, peintures rupestres aux tons ocre, ou graphiques en bas relief. Et, toujours, un vent qui module dans les orgues minérales un cantique mystérieux dédié à l'espace, l'éternité, la futilité de l'homme et de ses pugilats.

Le Tibesti n'est pas connu. Aucune route vraiment carrossable ne l'aborde, il n'y a pas de voie transaharienne comme celle qui, de l'algérienne In Salah mène à l'Agadès du Niger, en passant bien sûr par Tamanrasset. Il n'y a pas eu de Père de Foucault pour créer un mythe, une légende, une image.

Il n'y a pas, il n'y aura pas de rallyes médiatiques et automobiles, où des vedettes du « show-bizz » ou du « jet-set » viennent se donner le grand frisson ou éclairer fugitivement les lieux qu'ils traversent à toute vitesse de leur éclat de star, comètes éphémères dont la queue n'est qu'un misérable panache de poussière.

Il n'y a pas eu le talent d'un Frison-Roche pour envoûter les esprits, débrider les imaginations, ouvrir le rêve sur cette autre

« Montagne aux écritures » qui crève à trois mille quatre cents mètres un ciel sans nuages, autres que politiques.

En bas, tout en bas, au niveau des hommes et des clans, les guerriers s'affrontent, comme ils l'ont toujours fait ici, pour la nourriture, pour l'eau, pour les idées, le plaisir du combat et la gloire des conquêtes, en luttes fratricides et rezzous meurtriers. Les troupes françaises ne sont qu'un élément de plus dans ces jeux subtils et souvent féroces.

Et nous voici, petites fourmis en kaki, tentant de lancer à l'assaut de ces montagnes des colonnes vengeresses ou pacificatrices. Colonnes motorisées de camions et de quelques automitrailleuses légères survolées çà et là par des éléments ailés de nature combative ou logistique. Nos hélicoptères ne sont plus que d'agaçants insectes troublant de leur bourdonnement hérétique le silence des oueds ou la majesté des hauts plateaux qui se croyaient jusque-là hors de la portée des hommes.

Il nous faut donc quitter la base arrière de Faya Largeau pour s'implanter au cœur même du Tibesti, Bardaï. En vol rectiligne, cela représente une distance de plus de cinq cents kilomètres. Pour nos hélicoptères, il ne peut s'agir de trajet direct. Il y a des problèmes de ravitaillement d'essence et, surtout, de reliefs dont la hauteur, ajoutée à la chaleur, représente pour nos moteurs à piston des obstacles qu'il vaut mieux contourner. Les pleins d'essence seront une fois de plus effectués à partir de fûts acheminés par la route à Zouar, l'étape intermédiaire.

A partir de là, les choses sérieuses commencent. Le relief devient franchement tourmenté, avec des hauteurs qui avoisinent les trois mille mètres. Le pilotage des Sikorsky est alors très délicat car l'air est moins dense et les moteurs à la limite des performances. Il faut surveiller les régimes avec la plus grande attention : régime du rotor et régime du moteur. Si le rotor ne tourne pas assez vite, les pales s'« amolissent » et, à l'extrême, peuvent se mettre en « parapluie ». Pour éviter cela il faut maintenir la vitesse de rotation des pales en donnant du moteur au gré de la demande. Mais plus la pale est molle, plus il faut du moteur pour redresser la situation, et le moteur, en altitude, et compte tenu de la chaleur, ne donne que ce qu'il peut : peu ! C'est-à-dire qu'à un moment de sollicitation maximale du moteur, la moindre perte de tours rotor peut être irréparable. C'est un jeu d'équilibriste. Il s'agit d'équilibre instable, où l'on travaille sans filet. Une bonne école de pilotage !

Nous survolons donc ces hauts plateaux surmontés parfois par des pics élevés. Mais la terre s'ouvre soudain.Voici le « Trou au Natron », un gigantesque cirque aux parois verticales de plus de huit cents mètres de profondeur et de plusieurs kilomètres de diamètre. Le fond est tapissé de natron, sorte de sel dont se servaient les anciens d'Egypte pour embaumer leurs momies. Et, comme d'ultimes témoins des derniers soubresauts volcaniques, deux petits cratères en déchirent la croûte de leurs cônes aux bords acérés. Nous longeons cet abîme avec prudence et respect. Ne raconte-t-on pas qu'il y a un an ou deux un Nord-Atlas a voulu descendre là-dedans pour « voir de plus près » et n'a pu se sortir de ce chaudron géant que très péniblement, à l'arraché, en larguant tout ce qu'il pouvait par la porte afin de s'alléger ?

Peu de temps après, nous découvrons Bardaï au détour d'une vallée sinueuse. La palmeraie est vaste, entourée de hauteurs ocre qui la dominent de tous côtés. Quelques bâtiments s'y dressent, aux formes géométriques et sédentaires : l'administration. Autour, les « haricots » se répandent sous les palmiers : ce sont les habitations des Toubous. Quelques roseaux en arc de cercle forment une charpente légère. Des nattes tressées constituent les murs et le toit, dans un mouvement tout en rondeur (d'où leur baptême). Çà et là, des carrés d'une verdeur incroyable contrastent avec le sable : des cultures de blé qui s'articulent autour d'un puits saharien, au balancier caractérisque, à l'allure médiévale.

Nous atterrissons en bordure de la palmeraie. Bardaï sera notre base pour cinq semaines. Nos tentes s'y dressent bientôt, des installations culinaires et sanitaires sont improvisées avec le génie bien français du « système D ». Des échafaudages spécialement conçus pour cette mission sont mis en place à proximité. Ils vont permettre la visite technique d'un ou deux Sikorsky en bout de potentiel. Une « révision » à ciel ouvert sous l'ombrage capricieux de quelques branches de palmier !

On s'aperçoit dès les premières heures que l'eau des puits a une forte teneur en natron, et nos intestins vont en souffrir sans répit pendant toute la durée de notre séjour. Mais c'est un problème incontournable car la logistique, sur ces distances, atteint des coûts faramineux. Pas question de transporter de l'eau minérale !

La vie s'organise peu à peu en attendant les opérations. Il y a un équipage d'alerte, les autres jouent aux boules, lisent ou écrivent. D'autres, holster ou fusil à poste, partent explorer les environs qui ne manquent pas d'attrait : falaises escarpées, éboulis démesurés, cavernes aux parois couvertes de peintures rupestres, hauteurs d'où l'on domine toute la palmeraie, et d'où nos hélicoptères ont des allures de vulgaires moustiques.

A proximité de notre bivouac, une vieille femme, à longueur de journées, anime, indifférente, le balancier de son puits d'un mouvement lent et alternatif, métronome silencieux réglant une musique composée pour l'éternité.

Les nuits sont très froides par rapport aux journées, près de quarante degrés d'écart ! Les matinées et les soirées sont occupées à ajuster les couches vestimentaires à la température.

La première opération nous amène à Yebi Bou, petit village qui deviendra célèbre plus tard avec l'affaire Claustre, et où rode déjà un certain Hissen Habré.

Le plateau est vaste, rocailleux, c'est un vrai désert de cailloux qui s'étend à plus de deux mille mètres d'altitude. Les écarts de température y font éclater toutes les structures minérales. Une piste d'atterrissage, très courte, a été barrée par des alignements de gros rochers disposés par les rebelles. Il nous faut la dégager pour permettre au premier Nord-Atlas de se poser. Ah ! cet atterrissage ! : un vrai numéro d'acrobate au cours duquel le « reverse » violent noie instantanément l'appareil et tout ce qui l'entoure dans un nuage épais de poussière rouge sombre d'une densité rare.

Nous l'attendions avec impatience ce premier « Nord » car il nous amène notre bivouac. Nous sommes en effet arrivés la veille à la tombée de la nuit, allégés au maximum. Nous avons dormi à la belle étoile par un froid glacial, et ce matin, dès les premières ardeurs du soleil, nous brûlions déjà sur ces cailloux. L'air vite surchauffé déforme maintenant les silhouettes. Tout est fantomatique, irréel ; les hélicoptères parqués en bordure de piste semblent s'animer de leur propre vie. Autour de nous, rien ne peut nous abriter de la férocité des rayons.

Avec soulagement, nous voyons donc arriver nos tentes et des troupes parachutistes. La vie va pouvoir s'organiser. Et surtout nous allons pouvoir aller à l'eau !

A quelques centaines de mètres de là, en effet, la terre se déchire, s'entrouve comme une huître et dévoile, insoupçonnable, une guelta, petite merveille du désert, minuscule oasis tapie au pied d'une cascade, et où une modeste retenue d'eau naturelle nous permet de plonger dans l'eau fraîche nos peaux craquelées. Les parachutistes protègent d'en haut nos ébats de gamins et viennent à tour de rôle se joindre à nous.

Nous restons une pleine semaine à Yebi Bou, héliportant ici et là, distribuant des rafales de 20 mm sur des mouvements suspects. Chaque retour au camp nous oblige, à cause de la poussière omniprésente, à des atterrissages « tout à la fois », sans possibilité de marquer le moindre stationnaire.

Les nuits sont grandioses, l'air sec et l'altitude nous mettent en intimité avec les étoiles ; un satellite nous survole régulièrement, glissement lumineux dans l'immobilité céleste. C'est devenu presque un ami. Les veillées nous rassemblent autour d'un feu d'épineux. Le vin chaud délie les langues et dissout le spleen. C'est la vie habituelle de cette flottille qui a vocation, même en métropole, à nomadiser. On partage tout, du mousse au commandant, il n'y a plus de distance entre les hommes.

Le 28 février, nous quittons Yebi Bou en direction d'Omou pour entamer l'opération suivante.

Coiffer les coupe-gorge pour protéger les convois. (Photo F. Paillard.)

Tchad. Le petit fort de Koro Toro. (Photo F. Paillard.)

Yebi Bou. La « guelta ». (Photo F. Paillard.)

Les atterrissages dans la poussière. (Photo M. Heger.)

Relève de navires espions soviétiques au large de Beyrouth. (Photo M. Heger.)

Beyrouth 1983. Chaleur et lumière... On ne saurait mieux dire. (Photo M. Heger.)

Beyrouth 1983.
Bâtiment de l'ambassade américaine après l'attentat. (Photo M. Heger.)

L'espoir. Tentative de restauration. Beyrouth Est 1983. (Photo M. Heger.)

Beyrouth 1983. La place des canons et la Légion. (Photo M. Heger.)

Le « Georges-Leygues » en escale. Beyrouth 1984. (Photo M. Heger.)

Permissionnaires à Beyrouth. 1984. Un symbole. (Photo M. Heger.)

Dépôt de gerbe à Nuku Hiva, îles Marquises. (Photo V. Campredon.)

Nouvelle-Calédonie : visite dans la tribu de Gelima à Canala. (Photo V. Campredon.)

Nouvelle-Calédonie : une mission catholique sur la côte Est. (Photo M. Heger.)

L'« Enseigne-de-Vaisseau-Henry ». Ile des Pins,
Nouvelle-Calédonie. (Photo M. Heger.)

Une lumière incomparable. (Photo M. Heger.)

Le royaume des oiseaux. (Photo M. Heger.)

L'« Enseigne-de-Vaisseau-Henry ». Huahine, Polynésie. 1986. (Photo M. Heger.)

Moorea : la baie d'Opunou. (Photo M. Heger.)

Celle-là est plus ambitieuse. On vise l'attaque de Gezenti, dans les confins septentrionaux du Tibesti, là ou ce massif plonge sur le désert libyen. Gezenti est le quartier général des rebelles.

Comme d'habitude, il faut au préalable saisir un point de ravitaillement distant au plus de cinquante kilomètres du point à attaquer. C'est Omou que l'on a choisi. Sa « prise » ne présente aucune difficulté, le désert s'est vidé ici de ses derniers habitants. L'essence cette fois nous est parachutée par des Nord-Atlas. Il faut encore récupérer les fûts de deux cents litres, les rouler, les pousser jusqu'aux appareils avant de s'exciter sur les pompes « Japy ». Nous dormons un peu plus tard sous la voûte céleste, une moustiquaire nous protège de l'acharnement des mouches.

Le lendemain, l'aumônier catholique dit une messe sur un autel de fortune. Les hommes aux allures guerrières sont recueillis, maintenant, dans un mouvement d'humilité qui courbe les nuques. Sous la carapace, des cœurs battent encore, des vulnérabilités secrètes nouent les tripes, les émotions s'écoulent dans le lit des prières.

Mais l'attaque est reportée (négociations, négociations). Il faut attendre un jour de plus, et, comme on pouvait s'en douter, le nid sera vide...

Tant pis... ou tant mieux. La journée est grandiose. Des automitrailleuses sont arrivées par des pistes tortueuses tandis que les hélicoptères volent dans le relief, épousant chaque mouvement d'oueds encaissés, de cañons sinueux et profonds, véritables coupe-gorge dont les appareils rasent les parois. On est trop occupé par le pilotage pour réaliser notre totale vulnérabilité !

Les parachutistes courent au sol, colonnes dérisoires par rapport aux dimensions du décor. Le metteur en scène se serait-il trompé d'échelle ?

Après avoir investi tous les environs, les forces convergent maintenant vers le petit village aux « haricots » dispersés. Les habitants, impressionnés mais un peu narquois tout de même, exhibent leur carte d'identité libyenne. La bande d'Aozou a bel et bien été « annexée » par le grand frère du nord. Et nous ne sommes qu'en 1971 !

*
* *
*

Nous sommes arrivés au bout du rouleau. C'est notre dernière opération. Le retour sera long encore et riche en spectacles magnifiques comme cet Emi Koussi, le toit du Sahara, dont nous approchons le sommet à 3400 mètres. Il faut encore démonter le camp de Bardaï, la base de Faya-Largeau, tout reconditionner pour le retour en métropole, parcourir en sens inverse la mer de sable, la savane, retrouver Fort-Lamy, redescendre le Cameroun jusqu'à Douala sous des déluges d'eau.

Le porte-avions « Foch » est là, qui nous attend. Nous sommes amaigris, fatigués, moralement et physiquement, mais tous pensent à l'accueil qui nous attend probablement à bord...

Après l'appontage, alors que je quitte notre Sikorsky abrasé par les sables, la voix gouailleuse d'un matelot me parvient :

— Hé, t'as vu ? C'est pour ramasser ces poubelles qu'on nous fait faire trois semaines de mer !

La suite sera à l'avenant en particulier pour les officiers qui devront, nuit faite, aller à la recherche de leurs draps et couvertures, avant de s'apercevoir qu'on les a logés dans une partie du bâtiment qui est privée d'eau... jusqu'au retour à Brest ! La nourriture elle-même sera de si piètre qualité au carré qu'un jour, excédés, les officiers de la 33 F déstockeront leurs gamelles et leurs camping-gaz, pour organiser sur la moquette du bar fumoir une gigantesque fondue, savoyarde et sauvage, au grand dam du responsable de la sécurité du bord, et au cours de laquelle ils noieront leur amertume dans les vapeurs d'emmenthal...

Il n'y a décidément plus de héros !

Des dragons noirs défendaient l'entrée des vallées, des gerbes d'éclairs couronnaient les crêtes

Saint-Exupéry.
Terre des hommes.

1973

ANGLETERRE

PERFIDE METEO

Bénéficiant d'un échange de pilotes entre la Royal Navy et la Marine Nationale pour une durée de deux ans, me voici fraîchement affecté au 845e Commando Squadron. Spécialisé dans l'assaut, il est équipé d'hélicoptères Wessex 5 : la cellule du traditionnel Sikorsky, propulsée cependant par deux turbines et non plus par un unique moteur à pistons. C'est un appareil robuste et puissant bien adapté au travail avec les Royal Marines, complété en outre par un armement constitué par des paniers lance-roquettes ou des fusils-mitrailleurs axiaux. Contrairement à la Marine française, il n'y a pas de copilote, le siège de gauche est donc désespérément vide, et seul un « crewman », dans le cargo, complète cet équipage à deux dont les seuls contacts se font par l'intermédiaire du téléphone de bord.

Basés à Yeovil, dans le sud de l'Angleterre entre Bristol et Weymouth, il nous faut aujourd'hui rallier le nord de l'Ecosse pour une période d'exercices avec les Royal Marines qui doit se dérouler à Arbroath. La météorologie n'est pas bonne (mais l'est-elle jamais au Royaume-Uni ?). Un secteur chaud couvre le pays du nord au sud en engendrant des stratus bas, des brouillards et de la bruine... Un temps que n'aiment guère les hélicoptéristes : suffisamment acceptable pour permettre de tenter le vol en contournant les points difficiles, suffisamment mauvais pour se faire piéger si l'on n'a pas bien évalué « jusqu'où l'on pouvait aller trop loin ».

Nous sommes huit appareils. Notre leader, le lieutenant commander Mathews a choisi un vol en vue du sol tout au long du parcours. Il est optimiste, trop peut-être !

Aux champs bucoliques, éclaircis çà et là par quelques blancs ruminants, a succédé une eau sombre, brune, parcourue de toutes sortes de navires, chalutiers colorés, cargos, blancs voiliers aux routes plus fantaisistes. Une mer bien fréquentée comme il convient à une nation maritime par excellence.

A six kilomètres de Cheptstow les nuages se font plus bas, plus gris, plus sombres, mais dans ce pays on en a l'habitude. Et puis l'on peut descendre au ras des arbres, ralentir, ou encore faire demi-tour sur place, avantages de l'hélicoptère qui font que dans ces circonstances, on tente toujours sa chance. Chance est bien le mot, et les Anglais ne s'y trompent pas pour qui « to take a chance » veut dire « prendre le risque »... en espérant que tout ira bien ! C'est très exactement ce que nous n'allons pas tarder à faire bientôt, car maintenant le ciel nuageux se referme sur nous.

— Line astern, line astern !

Notre leader nous ordonne la ligne de file serrée, puis descend dans le relief, cherchant une route vers le nord nous conduisant vers des sols moins élevés. L'une d'elle semble prometteuse et notre chenille aérienne s'y engage prudemment.

— Reduce to forty !

La vitesse tombe à quarante nœuds. Ça ne va pas trop bien devant. On est déjà au ras des arbres. Le décor était triste, il devient franchement sinistre. Les parois se rapprochent. Soudain, l'hélicoptère de tête se cabre pour un arrêt brutal. Coup d'accordéon derrière ! Le dernier appareil est surpris, il ne peut s'arrêter à temps et s'échappe... dans les nuages ! Exit le numéro huit.

Les sept autres, en vol stationnaire, effectuent sur place un demi-tour chacun, ce que l'on appelle joliment un « valley turn ». Le ciel nous a coiffés et, comme au paradis, les derniers se retrouvent les premiers... Dieu merci, tout le monde arrive un peu plus tard au-dessus du Bristol Chanel, à la recherche du numéro huit, dont le pilote est un tout jeune midshipman. Mais celui-ci s'en sort plutôt bien :après quelques minutes passées dans les nuages, il se débrouille pour effectuer tout seul une percée « sauvage » près de Seven Bridge et rejoint finalement notre groupe au-dessus du canal de Bristol.

On efface tout et l'on recommence. Le leader entame la Severn Valley vers Worcester à une altitude plus académique dans l'intention d'effectuer à Shawburry un ravitaillement devenu très pressant.

Kérosène pour les appareils, café pour les hommes. La pause est animée. On s'en est sorti, non ? On crâne même un peu... Le leader en tout cas n'a rien perdu encore de son optimisme béat.

Je ne suis pas très rassuré pourtant. Rien n'indique dans les prévisions météo une quelconque amélioration, le terrain qui nous attend est difficile, et la route bien longue. Dans ce genre de vol la radio est primordiale. Chaque mot peut être vital. Or si la langue adoptive de Conrad n'est déjà pas commode à comprendre du côté d'Oxford, imaginez ce qu'elle peut devenir une fois déformée par le laryngophone et l'accent irlandais, écossais ou cockney !

C'est la fin du briefing. Je me tourne vers le leader.

— Tony, tu ne parles pas de la procédure d'éclatement en cas d'entrée intempestive dans les nuages ?

— Et pour cause. Nous n'entrerons pas dans les nuages !

— Tu es bien sûr ? tout à l'heure, pourtant...

— Un peu nerveux nerveux, non ? notre Français ! T'inquiète pas, cette fois-ci ce sera bon !

Ça y est, le « Français » va passer pour un angoissé ! J'insiste encore un peu mais sans trop forcer. Pourtant, je sais très bien que si huit hélicoptères entrent dans les nuages sans être convenus à l'avance de routes divergentes et d'altitude de séparation, il y a un risque majeur de collision. Alors à la radio ce sera la cacophonie... en laryngo-anglo-écossais ! Et un hélicoptère ce n'est pas l'ONU, il n'y a pas de traduction simultanée. Enfin on verra bien.

Les informations de Liverpool indiquent du mauvais temps à l'intérieur des terres. Aussi le leader a choisi d'atteindre Carlisle,

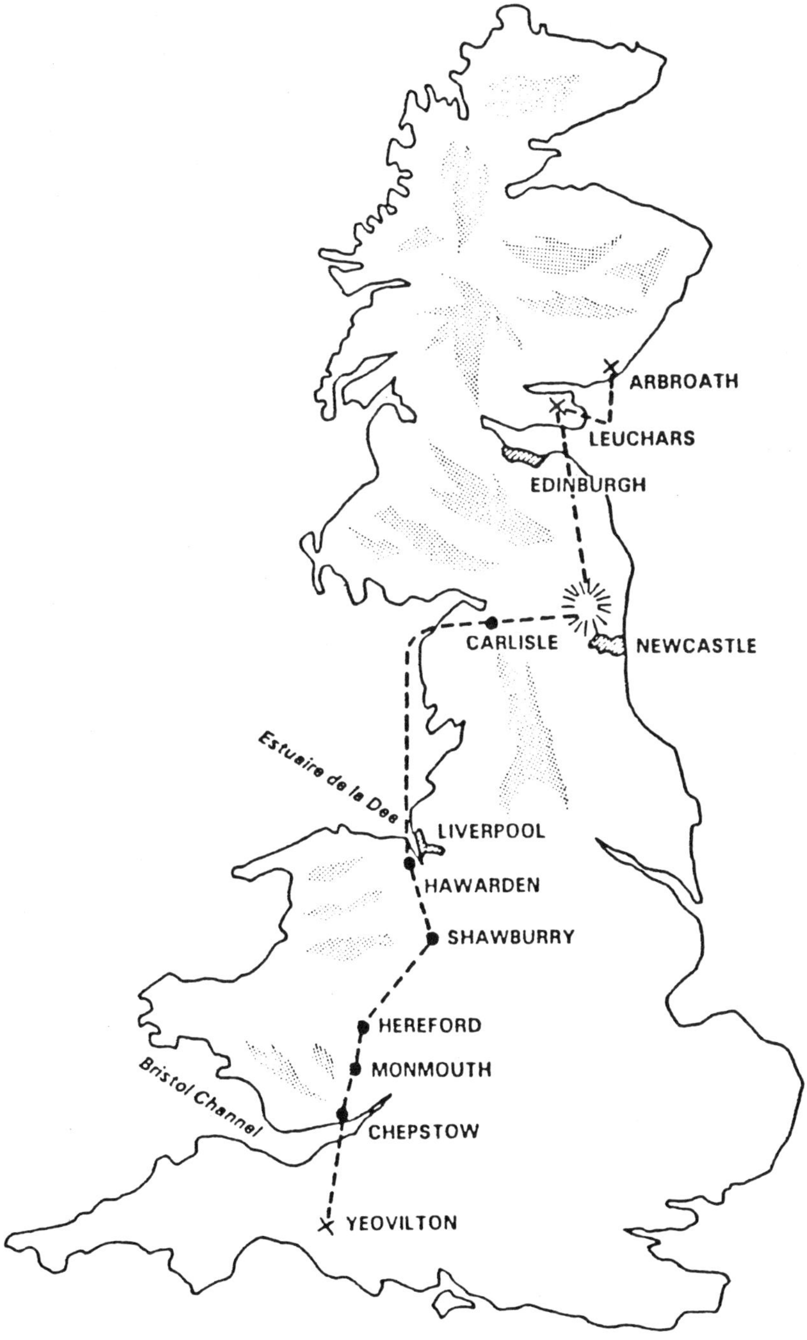

ARBROATH
LEUCHARS
EDINBURGH
CARLISLE
NEWCASTLE
Estuaire de la Dee
LIVERPOOL
HAWARDEN
SHAWBURRY
HEREFORD
MONMOUTH
Bristol Channel
CHEPSTOW
YEOVILTON

dans le Cumberland, en passant par la mer d'Irlande que l'on atteindra par l'estuaire de la Dee, près de Liverpool.

Pas de problème pour l'instant au décollage. Mais très vite on voit des nuages bas se dessiner du côté de Chester. Le leader infléchit sa route vers l'ouest, précisément vers le relief, les stratus bas et les nuages !

— Line astern, line astern !

On commence à connaître. Nous voici de nouveau en ligne de file dans la crasse, préoccupés au plus haut point de ne pas perdre de vue l'appareil qui précède, sans pour cela lui brouter le rotor de queue. Il faut encore descendre. On est au ras des arbres et nous suivons l'autoroute A55, sur le côté gauche bien entendu, à vingt nœuds — moins de quarante kilomètres-heure —, pas de quoi se faire prendre par les radars de la police ! Malheureusement quelques lignes à haute tension traversent notre chemin. Les pylônes se plantent dans les nuages. Première ligne, ça passe. Deuxième ligne, ça passe. Troisième ligne : chaque hélicoptère se retrouve tour à tour dans le coton, le temps de sauter le pylône, brève excursion dans l'inconnu. Chance encore !

Tout le monde est passé. Le plafond remonte maintenant. Cela devient bientôt confortable, et l'on peut voir l'estuaire de la Dee sur notre avant droit.

Qu'elle est belle cette mer d'Irlande soudain ! La visibilité atteint huit à dix kilomètres : le luxe ! Le moral revient. J'entends mon crewman moduler un air irlandais (il est irlandais !). Mélopée pour l'acier des vagues, la douceur des lumières, les taches, vives parfois, de quelque chalutier tenace.

On atterrit enfin à Carlisle.

On y complète les pleins, car le chemin va être long maintenant pour atteindre Arbroath sur la côte est de l'Ecosse : un chemin pavé de terres hautes qui retiennent les nuages. Au briefing, la situation météo n'apparaît toujours pas des plus réjouissantes.

Le plan de navigation est simple, comme l'est souvent un plan avant d'être confronté avec la dure réalité : de Carlisle, on coupe à travers terres vers Newcastle et là, c'est gagné, il n'y a plus qu'à suivre la côte est de l'Ecosse jusqu'à Arbroath.

— Tony ?

— Non, Michel, on n'entrera pas dans les nuages. Tu peux me faire confiance, non ?

— C'est-à-dire justement que...

Mais il me faut encore ravaler mes deux mille heures de vol au fond de mon carnet. Ces heures-là n'étaient pas anglaises, étaient-elles ? Pour mes camarades, je ne suis qu'un pilote comme les autres, nouvellement arrivé au Squadron. En clair je n'ai qu'à suivre... et la boucler !

Pourquoi les autres pilotes ne disent-ils rien ? Sont-ils inconscients ? Se doutent-ils seulement du danger ?

Le décollage ressemble aux précédents, dénué de tout enthousiasme. Les stratus sont encore là, à moins de deux cent cinquante mètres au-dessus du sol.

— John ?

— Yes sir ?

— Vous êtes irlandais du Nord ou du Sud ?

— Du Nord, sir... et catholique.

J'entame avec le crewman un dialogue sur l'IRA. Il est assez franc et le téléphone de bord n'est pas branché sur table d'écoute... On n'en est encore qu'aux grands principes d'ailleurs. Vingt minutes viennent de s'écouler depuis le décollage.

— Line astern, line astern !

J'en étais sûr ! Il faut encore descendre, se resserrer, visser son regard sur le rotor de queue du copain qui précède. Je me sens maintenant crispé aux commandes. Ça commence à bien faire !

— Shit [14]!

Tiens, le leader s'énerve.

Un mur gris et cotonneux se dresse en face de nous, imparable. Les sept premiers appareils sont absorbés comme de ridicules insectes. Le numéro huit, qui décidément donne dans l'originalité, réussit, au prix d'un surcouple, à faire demi-tour et rester en vue du sol.

---

14 - Shit : mot qu'aurait peut-être pu prononcer un général anglais si Cambronne… et Napoléon avaient gagné à Waterloo.

Mais dans l'immédiat, la radio crache des ordres, des caps, des altitudes, je m'y perds, ces Anglais parlent trop vite ! Et ces sacrés laryngophones, ça vous mange la moitié des mots !

Je me cramponne à l'appareil qui me précède. On monte dans une crasse épaisse, je ne vois plus que sa poutre de queue, j'ai l'impression que je vais la découper en rondelles avec mon rotor. Il semble s'enfermer dans une spirale ascendante. Je le suis.

— John ?

— Sir ?

— Qu'est-ce qu'ils ont dit ?

— Je n'ai rien compris, sir. Foutrement trop rapide. C'est un putain de bordel !

Mon cœur est dans un étau. Où sont les autres appareils ? Que font-ils ?

Soudain mon copain de devant disparaît, comme absorbé par la fumée blanche d'un magicien.

Je prends un cap sur la droite qui diverge de quarante degrés du sien, enfin du dernier cap que je lui connaissais, et continue à monter. Que font ceux qui me suivaient ? y en avait-il ?

Je deviens œcuménique comme ce n'est pas possible. Tous les saints, tous les dieux qui me passent par la tête sont appelés à veiller sur nos deux vies. Je voudrais être une mouche et voir de tous les côtés à la fois. Mais sur la gauche je ne peux rien apercevoir et le siège du copilote est désespérément vide ! Au bout de quelques minutes, qui m'ont semblé des heures, le silence est rompu.

— Ici leader. Je suis à 3500 pieds en conditions de vol à vue entre deux couches de nuages. Ralliez-moi par homing. Ici leader, je suis à 3500 pieds en...

Cette voix dans les nuages qui nous appelle : « Ralliez-moi par homing, ralliez-moi par homing ! »... On dirait un film de série B. Mais les minutes passent, martelées par la litanie du leader, et puis, soudain :

— Number two visual !

— Number three visual !

En voilà déjà trois de regroupés. L'espoir renaît. Je suis avec frénésie les indications de mon « homer », une aiguille sur un cadran qui m'indique, sans grande précision d'ailleurs, la direction des émissions du leader.

Les minutes s'écoulent, denses.

— Number four, visual !

Encore un qui a de la veine ! Je sors enfin de la couche nuageuse et cherche dans la blancheur qui nous entoure.

— Nom d'un chien, où sont-ils donc ?

Le crewman, en bas, passe d'un bord à l'autre de l'appareil, scrutant le ciel à travers les hublots, ou se penchant carrément à l'extérieur, par la porte latérale.

— A droite, sir, plein travers, cap inverse, un peu au-dessus !

— Number five, visual !

Je crie cela comme si j'avais marqué un essai au tournoi des Cinq Nations. C'est le soulagement. Quatre points noirs me croisent en effet assez loin, qui se suivent à distance : des canetons rattrapant leur mère. A mon tour je prends le leader en chasse.

— Number six visual.

— Number seven visual.

Le compte est bon maintenant, à l'exception du numéro huit qui est resté quelque part en bas. Stabilisée à 4000 pieds, notre formation qui s'est dispersée sur plus de vingt kilomètres se resserre peu à peu, à un cap approximatif conduisant en principe vers Arbroath.

Pour l'instant le pire est passé. Encore faut-il aller quelque part, et surtout retraverser la couche nuageuse en toute sécurité pour reprendre la vue du sol. Mais où sommes-nous exactement ?

Le numéro quatre obtient enfin un contact avec Newcastle radar. On nous donne une position, il nous reste maintenant cent cinquante kilomètres à parcourir, toujours au-dessus de la couche, avant de pouvoir être repris par un autre radar : celui de la base aérienne de Leuchars, et être ramenés en vue du sol.

Avec la foi du charbonnier et nos réservoirs de plus en plus vides, nous mettons donc le cap sur cette base de la RAF.

— Leuchars, ici Angel leader.

Régulièrement, Tony essaie d'obtenir la base, sans succès. Cinq minutes encore. Nouvel essai.

— Leuchars, ici Angel leader...

La voix de notre leader est un peu prise maintenant.

— Angel leader, ici Leuchars, parlez.

Enfin une réponse, quelqu'un qui va nous dire où nous sommes, nous prendre par la main, nous ramener sur le plancher des vaches. On imagine déjà la percée par guidage radar : quelqu'un au sol vous donne des caps des vitesses. Une procédure banale et familière.

— Désolé Angel leader, notre radar de percée est indisponible, il est en réparation.

Quelle douche... écossaise ! Les yeux scrutent maintenant les jauges à carburant. C'est l'angoisse à nouveau. Il doit me rester vingt minutes de vol, pas plus.

— De Angel leader, je compte rallier votre verticale par homing, puis percer au-dessus de la mer. Avez-vous une idée du plafond au-dessus de l'eau ?

— De Leuchars. La visibilité horizontale en mer est de cinq kilomètres, la couche est épaisse de trois mille pieds et le plafond, actuellement à mille pieds, s'abaisse rapidement. Vous avez une probabilité de formation de brouillard imminente de plus de quatre-vingt-dix pour cent.

Consternation. Mais l'on n'a ni le choix ni une minute à perdre en tergiversations. Cap à l'est. Le leader donne quelques ordres que j'ai du mal à comprendre. Je ne suis pas sûr d'ailleurs d'avoir bien compris toutes les communications précédentes. Mon brave « crewman » a un accent irlandais si marqué qu'il ne m'est pas d'un grand secours, et d'ailleurs il commence lui aussi à être nerveux, ce qui renforce encore son accent naturel !

Toujours est-il que je vois soudain notre leader plonger résolument dans les nuages. Une minute plus tard, c'est le tour du numéro deux, puis du numéro trois... Silence, attente. Et enfin :

— Ici leader. Hors couche, neuf cents pieds !

Voilà qui n'est pas si mauvais. Une minute encore.

— Numéro deux. Hors couche huit cents pieds.

Là c'est déjà moins bon. Un rapide calcul doit agiter tous les esprits.

— Numéro trois, hors couche sept cents pieds !

Alors se produit une chose dont la raison ne m'échappe pas tout à fait : je me retrouve seul dans le ciel, les numéros six et sept ont disparu. Aurais-je mal reçu une des communications radio ?

Je plonge à mon tour, les yeux rivés aux instruments : l'horizon artificiel, l'aiguille, la bille, le badin... l'altimètre !

— Numéro cinq hors couche, cinq cents pieds.

Ça alors, qui a pris ma place ?

— Six hors couche, quatre cents pieds.

Je deviens donc malgré moi le numéro sept. Mais jusqu'où le plafond va-t-il descendre ?

Soudain une plaque grise, polie comme de l'acier, apparaît en dessous : la mer !

— Sept hors couche, deux cents pieds !

Les premiers appareils doivent être déjà là-bas, au-dessus de la côte et suivre une large bande de sable qui remonte vers le nord.

A quelle distance suis-je de la terre ? La visibilité est loin d'atteindre les cinq kilomètres annoncés. Mettons le cap à l'ouest.

— Ici leader. Attention bancs de brouillard sur la côte.

Ça n'a pas l'air de s'améliorer devant. En tout cas, eux, ils sont au-dessus de la terre...

Soudain, la côte. Quelque chose de flou et de vaguement linéaire, une bande de sable clair, tranchant le gris des eaux, en travers de ma route. Je vole maintenant à vingt mètres au-dessus du sol, remontant vers le nord. Mais, brusquement, l'appareil qui me précède de peu signale :

— Numéro six, brouillard. Je me pose.

Mon tour arrive, j'ai juste le temps de voir le feu à éclats du six, un peu devant. Partout le ciel est opaque. Je me pose derrière mon camarade.

Nous sommes sur la bordure maritime d'un champ de tir de l'armée. Dure, la journée. Mais terminée côté vols. Finies les émotions. Une Land Rover s'approche, phares allumés. Enfin quelque chose d'humain qui émerge de l'univers hostile dans lequel nous sommes plongés depuis ce matin. Quelque chose de bien terrien qui roule sur le plancher des vaches en s'y accrochant soigneusement de ses quatre roues motrices.

Trente minutes de cahots nous conduisent à nos camarades regroupés au mess d'Arbroath : sept équipages qui s'agrippent à la sacro-sainte pinte de bière, qu'à vrai dire j'apprécie cette fois-ci tout particulièrement. Il manque toujours le numéro huit.

Le leader est encore aux « opérations » pour essayer d'en savoir plus. Mais le voici qui revient.

— Alors Tony ?

— Eh bien, heu ! Ça gueule de tous les côtés, surtout les civils ! Enfin, le huit vient de se poser sans casse à Edimbourg.

— Raconte !

— Quand on a éclaté en entrant dans les nuages, on était en plein dans la zone d'approche de Newcastle. Le contrôleur avait un liner de la British Airways sur la pente d'approche. Il a failli avoir une attaque en voyant le feu d'artifice qu'on dessinait sur son scope. Il a dû faire remettre les gaz au liner, et avertir tous les centres de contrôle voisins. Bref le message Air Miss [15] est déjà sur le bureau du boss.

— Et Johnny ?

— Ah ! Lui il s'est bien débrouillé, mais là encore il y a des trucs pas clairs. Quand il nous a quittés, il est retourné à Carlisle. De là-bas, il a téléphoné à notre base pour dire qu'il comptait en rester là et tenter sa chance demain. Eh bien, on croit rêver, un officier supérieur l'a persuadé de redécoller immédiatement pour essayer au moins de rejoindre Leuchars avant la nuit. Il paraît que la météo annoncée était bonne. Tu parles ! Quand j'ai appris ça, j'ai vite téléphoné à Carlisle pour l'empêcher de faire le con. Trop tard.

---

15 - Air Miss : message en usage dans la circulation aérienne, lorsqu'il y a eu risque de collision, et qui déclenche une enquête.

Il venait de décoller. On a téléphoné à Leuchars pour le dérouter sur Edimbourg. Bref, après être bien sûr entré dans la couche, Johnny a eu du mal à contacter quelqu'un à la radio, puis il a accroché Edimbourg. Il y a fait une percée contrôlée au radar. Il est sorti de la couche à cinq cents pieds et vient de se poser. Quand je pense qu'il n'a sa carte de vol aux instruments que depuis une semaine !

Dix heures se sont écoulées depuis que l'on a quitté Yeovil, notre base. La bière coule à flots maintenant. Douce sera la nuit !

Que mes amis britanniques ne m'en veuillent pas de raconter cette expérience. Qu'ils ne voient aucune perfidie de ma part, ce serait un comble !

Cette dure journée n'a pas de nationalité, ce fut une journée aéronautique comme peut-être d'autres flottilles ou d'autres squadrons en ont connues. Car aux commandes d'un aéronef, il n'y a jamais qu'un être humain, imparfait par essence, susceptible un jour où l'autre d'aberration ou de défaillance aux conséquences parfois dramatiques.

Quelques années plus tard, affecté à l'état-major de la Marine, aux opérations, j'ai vécu avec mes tripes la guerre magnifique des Anglais aux Falklands. Dans les récits parus plus tard, j'ai retrouvé les noms de quelques-uns de mes camarades du 845e Squadron. Ils s'étaient couverts de gloire.

1974

NORVEGE

ADIEU L'AMI

Il fait gris, très froid. La terre s'est entrouverte ici il y a des millénaires, et les parois verticales et gelées trempent dans une eau métallique, immobile comme un linceul. Dans notre sillage, éphémère comme une vie, deux couronnes s'éloignent, dérisoire hommage des vivants à leurs camarades d'hier. Deux taches de couleur dans l'uniforme grisaille.

Sur la plage arrière du HMS « Hermes », droit comme une stèle, un officier module sur une cornemuse la tristesse que nous partageons tous. Mélopées des Highlands, ces hautes terres d'Ecosse battues par les vents et la pluie, complainte pour un compagnon disparu.

Mac, qu'es-tu venu faire sur ce bateau, toi le pilote de l'Army, le seigneur du rase-mottes, l'habitué des bivouacs et des collines vert sombre, égarant dans les stratus bas leurs sommets ras et venteux ?

On appelle cela un échange. Tu viens dans la Navy pendant deux ans, et pendant ce même temps on envoie un marin manger du « corned-beef » dans quelque unité volante de l'Armée de Terre. Echange armée-Navy, échange franco-anglais, nous étions les deux greffons du squadron, les pièces rapportées de l'équipe. Cela crée des liens, avec tout ce que l'on a partagé ! Car pendant l'année qui vient de s'écouler on ne peut pas nous accuser d'avoir joué les fonctionnaires !

Le Canada d'abord, en hiver bien sûr, car il s'agit de s'entraîner au froid et à la survie. L'« Albion », ce vieux porte-avions qui nous a amenés d'Angleterre. Le camp de Gadgeton ensuite, immense. Des lacs, des forêts à profusion. L'univers de Jack London. Notre campement frileux sous la tente, la glace que l'on brise le matin pour se débarbouiller, les traces d'ours découvertes à quelques centaines de mètres de là, emprisonnées dans l'argile par le gel de la nuit. Pour l'entraînement au tir, on découpait des arbres de petite taille au pistolet-mitrailleur ! Imaginerait-on cela en Europe ? La course éperdue de Mike, torche vivante, plaqué au sol par les copains, une lampe à pétrole avait explosé à côté de lui, bref corps à corps pour une vie. Rien ! Il s'en est tiré avec une ou deux cloques ! Efficaces nos tenues réglementaires : un battle-dress de toile solide, des sous-vêtements d'épais coton, la meilleure des protections contre le feu.

Le retour vers l'Angleterre, ensuite, le dernier voyage du vieil « Albion », porte-avions puis porte-hélicoptères d'assaut, qui, après avoir montré l'Union Jack sur toutes les mers du globe, allait dans quelque temps être abandonné aux mains des ferrailleurs.

A la vente aux enchères des objets appartenant aux membres du carré, c'est Mark qui avait emporté le piano. Il n'en a guère profité longtemps. A la suite d'un « mess diner », ce noble et encombrant instrument a quitté le bord... par le hublot ! Quel « mess diner » ! Les tables somptueusement parées d'une argenterie victorienne, les chandelles réveillant sur les lambris patinés des reflets d'acajou. Les officiers en spencer se passant courtoisement le porto ou le cherry (qui n'est autre que xérès prononcé à l'anglaise). Carafes de cristal étiquetées d'argent. Elégance d'un autre siècle au milieu d'un océan sans cesse renouvelé. Et puis voici le toast à la reine, solennel. Le calme avant la tempête, car à partir de cet instant tout se dégrade. Les plastrons amidonnés se plient, les nœuds papillons s'agitent, et l'on boit plus encore dans une tabagie dont ce toast donne le signal. On quitte la table.

C'est le rush vers le bar où se débitent par pintes entières des litres de bière. Le vernis craque. Des jeux invraisemblables s'organisent où la raison n'a plus vraiment sa place. Rires à en pleurer, hurlements, déferlement de forces contraires. Les spencers se transforment en haillons.

Sur les touches d'ivoire jauni, Mark entame un « Rule Britannia » de fantaisie. Tu reprends, Mac, avec un air de chez toi, où les R roulent à l'écossaise, comme certains buveurs maintenant sur le tapis. On chante de plus en plus vite, de plus en plus fort, de plus en plus faux. Les touches souffrent puis quelque chose casse à l'intérieur du vieux piano, un bruit de fêlure, comme une dignité blessée. C'est le signal de l'hallali. Malheur aux défaillants ! Le piano est mis en pièces, littéralement.

Morceau par morceau, on le vide de ses entrailles. Un hublot est ouvert. La nuit atlantique avale goulûment des cordes auxquelles s'accrochent encore quelques marteaux de bois. Les touches suivent, volée de dents brisées d'un boxeur mis K.-O. Le bois passe aussi, déchiqueté. Il ne reste plus rien maintenant qu'un filet d'air glacé et des rires qui s'arrêtent comme les derniers soubresauts d'un moteur par trop emballé et qui ne tient pas la distance.

La nuit balaiera tout cela. Profond, très profond le sommeil. Et plus calme la fin de la traversée...

Et puis il y a eu le « show » de Biggin Hill, ce meeting aérien près de Londres. Un spectacle de vingt minutes monté par notre boss. Dix-huit hélicoptères déferlant sur la piste après le saut tactique d'un rideau d'arbres. Fumigènes, explosifs, canons de 105 suspendus sous les carlingues, Land Rover planant sous nos ventres. Plongeon dans la vallée complice, en bout de piste. Nouvelle rotation, commandos qui courent dans la mitraille, à blanc, pendant que sur la piste, l'« héroïne » (il fallait bien un thème populaire) s'échappe sur une petite moto (rappelle-toi Mike et sa blonde perruque !) et un hélico vient les cueillir en vol et les emmène au bout d'un câble dans un ciel chargé de fumées multicolores. Un vrai spectacle. Une semaine de répétitions. Chaque mouvement chronométré à la seconde. Des voitures publicitaires pour nous ramener à l'hôtel : « FLY NAVY » Notre métier mis en vitrine dans l'été londonien. Quelle ambiance !

Le spectacle aérien de Biggin Hill. (Photo X.)

Peu après ç'a été le stage chez les Royal Marines. Alors là, Mac, tu avais fait merveille, c'est normal après tout. « Intéressant » ce stage, non ?

De la théorie bien sûr mais de la pratique aussi : le parcours d'endurance avec sa traversée de marais qui n'en finissait pas, l'eau jusqu'au menton, les bras en l'air pour garder l'arme au sec, et puis le passage sous la route par un drain inondé. On se met au garde-à-vous, les bras le long du corps, on prend une bonne bouffée d'air, et les copains vous catapultent comme une torpille dans le trou glauque. A l'autre extrémité, deux bras solides vous attrapent comme le ferait une sage-femme, et vous extraient de ce qui pourrait rapidement devenir un piège.

Encore des obstacles variés du genre lianes ou pont de singe et, enfin, cet interminable parcours souterrain. Huit cents mètres dans un tuyau de quatre-vingt-dix centimètres de diamètre enfoui dans le sol. John est tombé dans les pommes à mi-parcours. Il a fallu le pousser, le tirer jusqu'au bout. Il y avait aussi le « quartier irlandais » : une rue d'Ulster reconstituée, avec ses maisons de brique bien alignées. Des maisons banales... en apparence. Mais entièrement piégées et pleines de caches.On pénètre par le toit, en soulevant les ardoises, jamais par une ouverture normale. Et l'on prend les pièges à rebrousse-poil : portes, poignées, tout risque de vous sauter à la figure. Des pétards bien entendu, ou des grenades à plâtre, on n'est qu'à l'entraînement ! Heureusement d'ailleurs car aucun de nous, pauvres néophytes, n'en serait sorti vivant.

Il y a les caches aussi qu'il faut trouver en mesurant l'épaisseur des murs ou en décelant une incohérence architecturale : fonds de cheminée, marches d'escalier, fonds de placards... et attention, une cache peut... en cacher une autre ! L'imagination en guérilla urbaine n'a pas de limite, ni dans la ruse, ni dans l'horreur. L'on se souvient encore de ce pantalon de battle-dress ramené de Belfast où il avait été trouvé dans une maison au cours d'une fouille. Un véritable appât pour soldat. Un beau pantalon tout neuf pour compléter son sac militaire. Quelle tentation ! Mais cousues dans l'entre-jambes, deux petites charges de plastic étaient reliées à un système de mise à feu diabolique : le contact se faisait quand on attachait le haut de la braguette. Alors là, boum ! Adieu la descendance et bonjour la haute-contre !

Oui, très intéressant ce stage.

Mais le temps passe, parfois sans gloire et sans action, monotone. L'automne. A la base, quelques semaines. Entraînement de routine, entretien des appareils.

Et l'hiver, maintenant, le froid du Grand Nord, les vagues énormes qui balaient l'océan Arctique et bousculent le porte-hélicoptères à bord duquel nous nous trouvons comme un vulgaire chalutier.

Il y a quinze jours, justement, on en a cherché un de chalutier. Trente hommes à bord. Tout neuf le bateau ; un des tout premiers à chaluter par l'arrière. Plus une trace. On a cherché pendant cinq jours. Le pont verglacé n'était plus qu'un miroir où l'on ne pouvait pas se tenir debout. Un vent furieux projetait des embruns jusqu'à la passerelle supérieure et écrêtait des vagues de quinze mètres que rien dans l'espace arctique ne venait briser. Parfois un Nimrod de la RAF nous contactait puis s'approchait, déboulant d'un ciel très bas dans le sifflement de ses réacteurs. Eux non plus n'ont rien trouvé. Trente hommes perdus corps et biens dans un univers démesuré.

Alors le HMS « Hermes » a rejoint la côte norvégienne, ses fjords aux flancs de neige où la mer pénètre puis se fige peu à peu, tout au bout, en une banquise grisâtre.

On a volé un peu le jour, qui ne durait que quelques heures, beaucoup la nuit, transportant des Royal Marines équipés comme des cosmonautes. Et nous-mêmes, équipés comme en quarante de chaussettes et de gants électriques, car il fallait voler fenêtres ouvertes et sans chauffage pour ne pas faire transpirer les passagers car alors ils gelaient en quittant les appareils...

Il y a eu lundi dernier cette folle journée où pendant des heures nous avons débarqué en charge suspendue plus de deux cents véhicules et canons. La nuit est vite tombée, la neige passait à l'horizontale en un blizzard féroce. Les Sea-King de lutte anti-sous-marine sont venus nous donner un coup de main, mais, peu habitués qu'ils étaient à ce genre de mission, il y a eu des ratés : une Land Rover larguée à l'eau, une remorque lâchée de cent pieds de haut dans la forêt. L'épuisement des nerfs à ce petit jeu, les yeux rouges, le froid. Le froid !

Et puis hier tu « t'es fait avoir » mon vieux Mac. Pendant que je transpirais de fièvre sur ma bannette, tu partais en vol dans la nuit noire. Les nuages coiffaient le fjord comme le couvercle d'un cercueil. Entraînement à la percée GCA, c'était le programme. Pas de copilote, comme d'habitude, un « crewman » inutile dans le cargo et voilà tout. Décollage, passage aux ordres de l'approche, circuit d'éloignement puis rapprochement sous contrôle radar, appontage enfin. Quatre appareils dans le circuit. Un circuit raccourci, d'ailleurs car il n'y avait que cinq cents pieds de plafond. Le piège était en place.

Tout a bien commencé pourtant. Trois circuits parfaits. Alors, au moment où tu allais redécoller, un jeune officier du service technique est monté sur le marchepied et t'a tendu un billet en criant

Héliportages en Norvège. 1974. (Photo M. Heger.)

— PPI check, sir ![16]

C'était de la pure folie ! Comment pouvait-on demander cela ? Comment pouvait-on raisonnablement demander à un pilote seul de s'amuser dans le noir, coincé entre la mer d'encre et les nuages et dans l'espace limité par les parois du fjord de réduire tour à tour les turbines pour noter sur un papier mal éclairé les paramètres de fonctionnement en puissance de l'autre turbine.

Comment pouvait-on imaginer qu'il était possible de quitter un seul instant des yeux les instruments de vol : la boule, l'indicateur

16 - « PPI check » : Power Parameter Indications : vérifications des paramètres (températures, régime, etc.) des turbines en limite de puissance.

de vitesse, l'aiguille, la bille, le variomètre, le radioaltimètre (n'était-ce déjà pas trop ?) pour scruter les minuscules cadrans de contrôle des turbines et remplir un papier ronéotypé aux caractères à peine discernables ?

Mais tu n'as pas su dire non. Tu as pensé que cela devait être courant dans la Navy. Manque d'expérience d'un mécanicien, manque d'expérience d'un pilote de l'Army.

A minuit trente-deux, le klaxon de crash a retenti dans le bord. Un enseigne stupide à la mentalité de fonctionnaire ne reverra jamais son formulaire technique. Le Wessex a percuté l'eau noire, entraînant deux hommes dans les abysses glacés.

Pendant que me reviennent tous ces souvenirs, la cornemuse emplit l'air humide d'un « Amazing Grace » enroué. Un goéland s'approche prudemment de notre sillage, intrigué par tant de couleurs piquées sur l'eau, en formes circulaires.

Adieu l'ami.

1978

LES GENDARMES

Les gendarmes sont partout. Ils patrouillent sur nos belles routes de France pour y inspirer la peur bien connue et faire relâcher, lors des départs en vacances, la pression de pieds impatients sur des accélérateurs qui n'en peuvent mais. Ils escaladent nos montagnes, troquant le képi pour des bonnets de laine afin de dégager de situations désespérées quelque monte-en-l'air par trop imprudent. Ils s'aventurent en hélicoptères (eux aussi !), sur des Zodiac, ou des vedettes, pour tâter un peu de l'élément aérien ou maritime. On les voit aussi du côté des prisons ou des palais de justice encadrer quelque quidam et le faire monter dans un fourgon bleu. Mais surtout, oui, surtout, ils quadrillent notre pays. Ils sont implantés, par petits groupes, jusque dans les moindres détours de nos campagnes dont ils connaissent les plus petits recoins mais aussi chaque habitant, ses habitudes, ses fréquentations... C'est une force inestimable et que nous envient bien des pays.

L'on se demandera bien sûr ce qui m'arrive tout d'un coup. Faire l'éloge du gendarme, alors que, comme tout un chacun, il m'est arrivé de céder aux tentations de la vitesse et devoir par leur intermédiaire contribuer, à une échelle Dieu merci modeste, au bien-être de la finance étatique.

Mais c'est tout simplement que ces militaires un peu particuliers m'ont bien souvent tiré d'embarras au fil d'une carrière aéronautique le plus souvent nomade et pavée de tous les aléas que des vieilles mécaniques, aux humeurs aussi contrariantes que celles de la météorologie, pouvaient engendrer.

Les pannes moteurs, les avaries, les atterrissages en campagne se terminaient toujours par le recours aux gendarmes, car une de leurs grandes richesses réside en un réseau extrêmement complet de radiocommunications.

Jamais l'on n'a manqué, peu de temps après un poser sauvage et urgent, de voir arriver la fameuse fourgonnette bleue. Avec elle se dessinait déjà la solution des premiers problèmes : prévenir la base, baliser l'appareil, transporter éventuellement les équipages vers un abri.

En 1977, à la suite d'une panne en montagne, il avait fallu décider de changer le moteur sur place. C'était là une opération compliquée s'étalant sur deux jours. Il fallait apporter un portique spécial et aérotransportable fort ingénieux mais dont le montage en plein vent froid n'était pas des plus simples. Le moteur de rechange arrivait par la route, mais l'appareil en panne était bien sûr hors de portée du camion en contrebas d'un champ. La permutation devait se faire à l'aide d'un deuxième hélico qui, prenant le moteur neuf sur la plate-forme du camion, le déposait à côté du moteur cassé, puis prenait ce dernier, toujours en charge suspendue, afin de le poser aussi doucement que possible sur la plate-forme étroite. En montagne, c'était un bel exercice de pilotage ne pouvant se faire, pour des raisons de poids, qu'avec des réservoirs presque à sec.

Le travail était donc acharné, minutieux et la tension était perceptible. Mais les deux gendarmes du village voisin, par les moyens radio et téléphoniques desquels toute l'opération avait pu être montée ne s'en étaient pas tenus à cette aide somme toute normale. Ils avaient improvisé avec l'aide des villageois une sorte de chaîne de solidarité alimentaire et morale, nous apportant à la fois des paniers garnis de succulences locales mais encore la joie de plaisanteries ou d'encouragements pimentés de l'accent ensoleillé des Alpes de Provence. Le travail fut dur mais ce fut une fête aussi, et les délais furent respectés.

*
* *
*

Une autre fois, un peu plus tard, la flottille rentrait de Mende sur Saint-Mandrier après trois semaines d'exercices en nomadisation avec les commandos Marine. Le patron du Groufumaco[17] avait prévu de faire rentrer tous ses véhicules par voie ferrée la veille de notre retour. Par bonheur j'avais pu le convaincre de maintenir au moins un ou deux camions à Mende jusqu'à ce qu'il reçoive l'annonce de notre arrivée à Nîmes, notre première étape. La météo n'était pas bonne mais elle ne pouvait que s'aggraver. J'avais profité d'une éclaircie pour ordonner le décollage de nos neuf appareils, espérant pouvoir nous extraire des hauteurs sombres et menaçantes avant l'arrivée d'une solide perturbation.

Las, la chance n'était pas de notre côté. Après quarante minutes de vol dans des conditions de plus en plus difficiles, un mur noir nous barra soudain la route. Un rideau épais tombé du ciel et enveloppant tout le relief dans les tourments d'une pluie diluvienne. La formation était déjà très resserrée et j'eus juste le temps de choisir le sommet allongé d'une colline perpendiculaire à notre cap et d'y faire poser les neuf appareils en ligne de front avant qu'une véritable mousson nous écrasât de son poids liquide.

Dans mon esprit, il s'agissait d'un grain, violent certes, mais d'un grain. Et après avoir coupé les moteurs, il ne restait plus qu'à attendre l'embellie. Les équipages restaient sanglés. Pas question d'ailleurs de se hasarder à l'extérieur. Mais les minutes passèrent, puis les heures. Il était déjà quatre heures de l'après-midi. Nul ne disait mot. Nous étions tous fascinés et angoissés par l'ampleur

---

17 - Groufumaco : groupement de fusiliers marins commandos.

inhabituelle du phénomène. Je réalisai soudain que cela risquait de durer longtemps... jusqu'à la nuit. Et nous étions là comme les rescapés de l'arche, posés sur des sommets dégoulinants, isolés totalement dans les hauteurs des Cévennes. Une heure encore, je commençai à discuter avec mon second, le lieutenant de vaisseau Aury, venu me rejoindre, des actions à envisager.

Il y avait les appareils. Il fallait les « camper » bien sûr, les attacher au sol, les recouvrir des bâches que nous emportions toujours avec nous. Cela était possible et prendrait du temps. Mais une fois la décision prise, plus question de changer d'avis et d'essayer de profiter d'une embellie de dernière minute.

Il y avait les hommes surtout. Nous étions près de soixante-dix... Où trouver un abri et de la nourriture ?

La nuit n'allait pas tarder à tomber et je préférais ne pas penser aux grognements de la troupe.

C'était le moment de dévoiler la carte dont seuls le second et moi-même connaissions la couleur : les deux camions des commandos qui, à plus de cent kilomètres de là, sur le terrain d'aviation de Mende où le Groufumaco avait établi son PC, attendaient un message de Nîmes pour prendre la route en direction de Lorient.

Eh bien, la route, ils allaient la prendre, mais pas pour la Bretagne ! Encore fallait-il joindre le PC.

— Bon, dis-je au lieutenant de vaisseau Aury, tu vas faire camper les taxis. On a juste le temps avant la tombée de la nuit. Moi je vais courir jusqu'au petit hameau qu'on a repéré tout à l'heure. Il doit être à un ou deux kilomètres. Espérons qu'il y a du monde et, surtout, le téléphone !

J'avais à peine fait quelques dizaines de mètres que l'eau s'infiltrait déjà au travers de mes sous-vêtements. Dans quel état seraient les hommes après avoir campé les appareils ? Je ne l'imaginais que trop facilement : si une tenue de combat est trempée au bout de quelques minutes, que sera-ce au bout d'une heure ?

Je dénichai enfin une fermette dans un creux de relief et, Dieu merci, la porte s'ouvrit assez vite sur un visage buriné et inquiet. Je racontai à ce brave paysan, tout juste crédule, ce que j'attendais de lui : un abri provisoire pour soixante-dix personnes et le prêt de son téléphone.

— Pour le téléphone, y a pas de problème, en principe, si le grain a pas mis la ligne par terre. Mais pour l'abri c'est une aut'paire de manche ! Y a bien la chapelle, là bas, mais c'est l'instituteur qui a la clé. Il habite dans cette maison, là, vous voyez ?

Je voyais. Encore un petit crapahut en perspective ! Mais le téléphone d'abord. Là, il fallait la foi du charbonnier. Nous étions dimanche et j'allais raconter au premier gendarme de service que je pourrais contacter une histoire un peu difficile à avaler. Mais, cette foi, mes expériences précédentes me l'avaient donnée.

— Allo ? La gendarmerie de Villefort ? Ah ! Et bien voilà. Je suis officier de Marine et commande une flottille d'hélicoptères d'assaut. Nous sommes coincés par le mauvais temps sur les hauteurs de ... et vous téléphone de la ferme des ... Il y a soixante-dix personnes à évacuer et je vous demande de m'envoyer aussitôt que possible une voiture radio. Après je me débrouillerai...

Je dus bien entendu répéter une seconde fois, mais obtins après quelques instants de silence une réponse favorable. L'on convint d'un rendez-vous devant la chapelle.

Pendant les quarante-cinq minutes d'attente, cette modeste chapelle fut envahie par une horde d'êtres dégoulinants, couverts de cirés verts et faisant avec leurs rangers des bruits de clapotis qui en disaient long sur l'étanchéité du matériel de l'intendance. Les sacs à dos recrachaient de toute part l'eau reçue pendant la marche de repli. Nous étions des marins : c'était un naufrage !

Les officiers, les officiers mariniers, les matelots, tous guettaient du coin de l'œil la tête du pacha et se demandaient comment j'allais nous sortir de ce fichu pétrin. Il n'y avait pas d'hostilité, car la flottille en avait vu d'autres, mais seulement le petit zest de curiosité goguenarde qui mettait mon amour-propre en jeu.

Il y avait une chaire, je l'escaladai prudemment. Aussitôt un cantique très peu catholique sortit des gorges tandis que des rires éclataient. Il en fallait décidément plus pour abattre ces gaillards, et j'appréciais diablement que les choses fussent prises avec tant d'humour.

Après quelques phrases d'introduction dites sur un ton ecclésiastique et destinées à me mettre au diapason, je résumai la situation et annonçai que tout serai résolu, ou presque, pourvu que les gendarmes tinssent parole et m'envoient le véhicule radio promis. Il n'y avait plus qu'à attendre.

D'autres cantiques improvisés s'élevèrent alors où la maréchaussée fut associée à un bon nombre de saints !

Mais en fin de compte l'on vit arriver, lentement, prudemment mais sûrement, un girophare bleu dont les éclats donnaient aux trombes d'eau des reflets de catastrophe. L'estafette tant espérée semblait venir d'une autre planète, mais le gendarme qui en descendit avait un bon accent de chez nous. J'en fus tout réconforté. Nous nous enfermâmes dans le véhicule pendant plus d'une demi-heure, accrochés à la radio d'où viendrait la solution. Par l'intermédiaire de la gendarmerie de Villefort et de son téléphone, nous pûmes faire le tour des possibilités du coin. Ce furent des interviews brouillés par les craquements d'éclairs mais l'on pût contacter le maire de Villefort, le directeur de l'école, le restaurateur, l'épicier... Hélas, ce dimanche-là offrait bien peu de possibilités. En fin de compte, j'obtins de pouvoir utiliser la salle des fêtes où il nous faudrait dormir à même le sol, faute de lits. Pour la nourriture, il faudrait se débrouiller, au moins pour cette nuit. La même radio me permit d'entrer en contact avec le PC de campagne des commandos Marine et je pus enfin demander que l'on nous envoie les deux camions ainsi qu'une bonne quantité de rations de combat.

Trois heures plus tard, précédés de notre estafette gendarmique, nous faisions irruption dans un Villefort endormi et balayé par des rafales liquides. La salle des fêtes nous parut un palais... L'enseigne de vaisseau Oliveau décida que les officiers occuperaient l'estrade, histoire de prendre de la hauteur, mais surtout d'être à portée des interrupteurs électriques afin de mieux contrôler la situation. Sage précaution tactique vis-à-vis de nos chahuteurs.

La salle s'endormit rapidement.

Vers une heure du matin, une jeep arriva de Mende. Le chef Ops des commandos venait se rendre compte de la situation. Il observa les alignements de duvets humides, écouta quelques instants les ronflements que, loin de leurs épouses, les militaires ne retiennent enfin plus, constata que la situation était « en mains », puis s'en retourna à Mende d'où il envoya un message à notre amiral pour signaler que nous étions hébergés « dans des conditions précaires mais sûres ».

Il plut en trombes pendant trois jours encore. Ceux qui avaient quelques effets secs allaient acheter des provisions auprès des commerçants intrigués par cette recrudescence d'achats hors saison touristique. Les autres restaient en sous-vêtements dans cette salle des fêtes transformée en campement. Les tenues de combat défilaient sans grand succès devant une pauvre flamme allumée dans l'espoir de les sécher. Les soirées furent homériques. Cette flottille avait tant l'habitude de la précarité et des situations de bout du monde qu'elle portait en elle-même la source de ses distractions. Les talents étaient nombreux : chanteurs, conteurs, imitateurs...

Elle possédait une réserve d'humour qui n'avait d'égale que sa capacité de grogne, la première l'emportant toujours, en fin de compte, sur la seconde. Les sacs à dos cachaient souvent la poêle de camping, les champignons ou les petits oignons qui amélioreraient la triste ration de combat. Il y avait souvent une guitare ou deux, protégées par un vieux duvet. A force de nomadiser, l'on devient un peu romanichel...

L'ambiance, grâce à tous ces ingrédients, demeura excellente.

Puis l'embellie arriva enfin. L'ingénieur de la flottille partit à l'aube avec une petite équipe pour remettre en état de marche les moteurs inondés. Il emportait des croissants frais pour les deux matelots volontaires que l'on avait laissés auprès des appareils pour les garder. Le lieutenant de vaisseau Garnier avait plus d'un tour dans son sac. Il avait repéré, dans le hameau où nous nous étions réfugiés le premier jour, un four à pain désaffecté. Il put rapidement le remettre en état et y faire sécher, l'un après l'autre, les fils des bougies de nos moteurs. Neuf moteurs comportant chacun neuf cylindres en étoile...

Quelques heures plus tard, tous les appareils décollaient et regagnaient, en fin de journée, la chère base de Saint-Mandrier.

*

* *

*

Je suis en train de me rappeler tous ces événements en cette journée grisâtre de février 1978.

Une fois encore la flottille rentre vers sa base après un tour de France de près d'un mois. Il y a eu la Bretagne d'abord, où l'on s'est entraîné avec la 9e division d'infanterie de marine, puis il y eut le camp de Sissonne dans l'Est, avec son sol gelé, ses baraquements austères, et ses brouillards matinaux. Maintenant les hommes sont fatigués. Ils ont eu leur dose de nomadisation hivernale. Ils savourent l'idée de retrouver ce soir leurs femmes, leurs enfants, la tiédeur d'une maison normale avec des carreaux aux fenêtres et des radiateurs qui marchent, le plaisir simple d'enfiler un jean et un polo coloré. Plus de kaki !

Ce sont toujours les mêmes, ces hommes ! Des fanas de la 33 qui y reviennent, tôt ou tard, si d'aventure la Direction du personnel les a écartés, pendant deux ou trois années, de cette vie marginale.Ce sont des pilotes accrocheurs ; ce sont des mécaniciens de premier brin, tenaces et débrouillards que la graisse et les intempéries ne rebutent jamais, de ces grognards bons vivants qu'on aime parce qu'ils sont d'un dévouement et d'une efficacité admirable.

Ce matin encore il y a eu une « alarme limaille » sur un appareil et des problèmes d'allumage sur un autre. Que de doigts gourds plongés dans ces gros moteurs ! mais les huit HSS sont tous là maintenant, en file indienne, par vagues de quatre. Au nord de

Lyon le temps était froid mais sec. Depuis Lyon tout se gâte. Les météos de l'aéroport nous l'avaient prédit. Mais c'est toujours pareil. Il y a souvent un décalage entre la prévision et la réalité. Un petit décalage tant de fois vérifié... et exploité qui vous permet de passer avant que..., et qui vous épargne un ou plusieurs jours de retard.

Alors on va toujours tâter le terrain.

Je suis en tête avec les « Caiman Rouge ». Fredo est un peu plus loin derrière avec les « Bleu ». Fredo n'est autre que le lieutenant de vaisseau Paillard, le second de la flottille, qui me succédera bientôt à son commandement. Il a assuré la direction de ce détachement pendant les deux premières semaines, pendant que je passai l'oral du concours d'entrée à l'Ecole supérieure de guerre navale. Malicieux et informé avant moi de l'issue heureuse de cet oral, dont la phase ultime avait été l'entretien avec un jury présidé par l'amiral Lacoste (oui, c'est le même !), Fredo avait choisi son moment pour m'annoncer la nouvelle : l'heure de l'apéritif, au mess du camp de Sissonne. C'est avec une grande joie mêlée d'émotion que j'offrai alors une tournée générale.

Fredo est un ancien de la 33. Il connaît le métier. Au Tchad nous avions fait équipage ensemble un bon nombre de fois et tout particulièrement lors de l'assaut sur Mayouga. Une vieille complicité nous lie depuis cette époque. Il avait quelque temps délaissé la flottille pour effectuer plusieurs tours du monde avec la section Alouette de la « Jeanne-d'Arc ». Mais aujourd'hui le ciel est moins clément qu'aux Antilles et, bien que dans des appareils distincts, nos préoccupations se ressemblent étrangement. Je sens très pesamment les responsabilités du commandement. D'un jugement instantané peut surgir la réussite, l'échec, ou peut-être le drame.

Le temps se détériore encore. Toutes mes expériences précédentes se confrontent. L'épisode de la remontée de l'Angleterre hante mon esprit, mais aussi celui de notre retour de Mende. Les vols en Norvège m'avaient donné une certaine assurance dans les paysages neigeux.

Les cellules de ce type d'hélicoptères ne givrent pas : les pales et les têtes rotor vibrent trop pour que la neige ou la glace s'y accumule. Les moteurs à piston ont un avantage sur les turbines : ils ne peuvent s'arrêter par absorption de glace. Le danger, croissant, reste donc la visibilité.

Je pense aux hommes, à leurs familles qui attendent déjà. Dois-je encore essayer de passer ?

Nous avons difficilement franchi le travers de Vienne. Devant nous le Vercors, sur notre gauche, et la bordure orientale du Massif central, sur notre droite, resserrent progressivement leur étau sur le Rhône. Il ne restera bientôt qu'un goulet aéronautiquement étroit où s'engouffre la neige venue du nord. Si l'on ne passe pas Montélimart dans des conditions suffisamment bonnes, la suite ne peut être que désastreuse.

— Caïman leader de bleu leader, on ne voit plus grand chose derrière. Tout est blanc. On ne distingue que très difficilement le rotating de l'appareil qui est devant.

C'est Fredo. C'est laconique et précis. C'est un solide appel du pied. Il faut se poser sans délai. Il faut trouver un endroit pour cela.

— Les « bleu », collez-vous aux « rouge ». Formation de manœuvre serrée pour l'ensemble.

J'essaie de gagner du temps. Je cherche un champ capable de nous accueillir tous car, avec l'épaisseur de neige qu'il doit y avoir au sol, il sera difficile de se déplacer ; un champ pas trop loin d'un village capable de nous héberger. Il est de toutes façons trop tard pour faire demi-tour et rejoindre une base ou un aéroport organisé.

Le sol est uniformément blanc. Les routes, les voies ferrées se sont dissoutes dans un étrange paysage.

— On va y avoir droit !

C'est Fredo à nouveau. Sa voix un peu rapeuse est bien reconnaissable. Lui seul d'ailleurs peut se permettre un tel raccourci dans la procédure radio. Ce doit être réellement intenable derrière.

J'avise sur la droite un terrain entouré de sapins. Juste en dessous de nous un petit village semble prometteur. Entre les deux il ne doit pas y avoir plus de cinq cents mètres à vol d'oiseau. C'est le moment ou jamais !

— DZ à trois heures. Poser en deux lignes de front les leader à droite. Pas de stationnaire.

La flottille est très entraînée aux posers de groupe. La formation s'incurve instantanément sur la droite. Les deux vagues se déploient sur la gauche de leur leader respectif. Les huit appareils disparaissent dans la neige soufflée par les rotors.

— De « bleu 4 » tous les appareils posés.

L'étau qui serrait ma poitrine relâche enfin son étreinte.

Un silence profond s'établit. Un à un les passagers, les mécaniciens, les pilotes s'extirpent des appareils, étirent leurs membres engourdis par le froid, l'immobilité, la tension.

Fredo s'approche, mi-figue mi-raisin.

— Le bled qui est à côté doit s'appeler Les Reys de Saulce, lui dis-je. Il a l'air assez important pour avoir un hôtel. Il ne doit pas y avoir plus de cinq cents mètres à faire. Je vais aller voir pendant que tu fais camper les taxis.

— J'ai bien peur qu'il y ait un peu plus que cinq cents mètres, me répond-il, il m'a semblé qu'on franchissait l'autoroute pendant le dernier virage.

Je reste interdit. Ce serait tellement stupide. Mais à bien voir maintenant on peut deviner le talus rectiligne qui nous surplombe de loin du côté de l'est. Il faut se rendre à l'évidence. L'autoroute n'était pas visible ou pas vraiment parce que recouverte de neige. Combien faut-il faire de kilomètres, alors pour pouvoir la franchir et atteindre Les Reys ?

La lecture détaillée de la carte apporte la réponse : plus de sept kilomètres.

— Il est urgent d'attendre, Fredo. Campons pour la nuit et ce sera bien le diable si un véhicule ne passe pas sur la petite route qui borde le bois. Pour peu que ce soient des gendarmes, ils nous sortiront bien de là !

Dix minutes passent, pas plus. Un girophare bleu s'approche alors éclaboussant les flocons de neige.

La 33 F sous la neige. A gauche, le lieutenant de vaisseau Paillard dit « Fredo ». Au centre, le second maître Devoile, qui mourra un an plus tard en service aérien commandé. (Photo X).

La gendarmerie veillait ! L'estafette se range sur le bord du chemin. Je m'avance.

— Bonjour. On est de la Marine. Plus moyen de voler avec ce temps pourri. Il va falloir passer la nuit ici. Nous sommes cinquante-deux. Vous avez une idée sur un endroit qui pourrait nous accueillir ?

Le scénario de Villefort se déroule à nouveau : échanges radio, discussions. L'évacuation s'organise cependant que la nuit tombe sur un paysage de Grand Nord.

Une heure après, grâce à l'efficacité d'un brigadier et d'un maréchal des logis, deux camions militaires venus de Montélimart nous déposent devant l'hôtel Clutier aux Reys de Saulce. L'hôtel n'est pas très grand, mais en partageant les lits, tout le monde trouvera une place.

L'ambiance est chaleureuse. Il fait bon. Les plaisanteries fusent... Les gendarmes s'esquivent.

Une heure plus tard, nous sommes à table. Le dîner nous a réconfortés. On se sent bien, détendus. Tout se termine pour le mieux en fin de compte.

Soudain, notre brigadier de gendarmerie réapparaît. Il tient dans ses bras une énorme machine à écrire.

— Alors, commandant, ça va mieux ? Vous avez fini de dîner ?

— Tout est parfait, brigadier, merci encore pour votre coup de main. Mais pourquoi cette machine ?

— Ah mais ! commandant, c'est qu'il y a des formalités ! Pouvez-vous nous rejoindre quand vous aurez complètement terminé votre repas ?

Je commence à trouver cela bizarre, mais termine, sans trop m'émouvoir, un dessert bien agréable.

Je me dirige alors vers une petite salle du fond. Le brigadier et son adjoint sont là, devant la machine à écrire. Ils me font signe de prendre la chaise qui se trouve en face d'eux. Je m'assieds, perplexe.

— Bien, commandant. Pouvez-vous nous montrer votre carte d'identité ?

La question me prend de court. En fait, je n'ai aucun papier sur moi. Depuis quinze jours je suis en tenue de combat, et vole sur des appareils militaires. C'est comme si je demandais à ce gendarme s'il est bien gendarme !

— Non je n'ai rien. Ecoutez je commande tous ces hommes qui sont là. J'ai huit hélicoptères immatriculés et décorés de la cocarde tricolore de l'Aéronautique navale, je...

— A propos, pouvez-vous nous montrer votre permis de conduire ces hélicos ?

Là, je ne ris plus du tout. Ça devient ridicule. J'ai l'impression d'être mis en accusation !

— Euh, non. Ça n'existe pas. Dans le civil cela s'appelle une licence. Et il y a effectivement un livret que l'on peut montrer. Mais nous, les militaires, nous n'avons rien d'autre qu'une qualification mentionnée quelque part dans des documents administratifs qui restent dans les bureaux.

— Bon, pouvez-vous au moins nous montrer les papiers des hélicos ?

Je sens que je vais commettre l'irréparable. Dire quelque chose de tout à fait impardonnable. Mais, eu égard à tous les services antérieurs que m'a rendus la maréchaussée, y compris ceux de cette mémorable journée, j'essaie de répondre le plus calmement possible.

— Ecoutez, à quoi jouez-vous ? Je n'ai pas de papiers pour ces appareils. Ça n'existe pas. Ou si ça existe, c'est très volumineux et on ne les emporte jamais. Tout ce que l'on a est de caractère technique et se trouve dans les hélicos !

— Pouvez-vous nous donner l'identité de ces messieurs ?

L'affaire va décidément prendre mauvaise tournure.

— Non je ne vais pas le faire ! Je me porte garant de l'authenticité de leur état de militaires français. Maintenant si vous voulez me passer les menottes, faites-le, vous m'expliquerez plus tard. Mais avant, je vous conseille de téléphoner à la Préfecture maritime de Toulon, ou à l'état-major de l'amiral commandant l'aviation embarquée. J'y suis honorablement connu...

Le brigadier se détend un peu, allonge les jambes sous la table, fait craquer les jointures de ses doigts. Il sourit enfin.

— Faut pas vous fâcher, commandant. Je vous crois bien, et vous avez vu qu'on vous aidait volontiers. Mais en repassant à la brigade, on a eu comme un doute, et puis on a consulté les règlements. Ils sont formels : tout aéronef atterrissant en campagne est susceptible d'appartenir à une puissance étrangère ou à des trafiquants. Il doit donc faire l'objet d'une enquête de notre part. Alors vous vous rendez compte, huit hélicos, comme ça, qui tombent du ciel sans crier gare... Bon, enfin ça va comme ça, mais tout de même c'est curieux que vous traversiez la France sans papier. Hein ?

— Tout compte fait, je vous comprends, brigadier, et je me demande encore comment j'ai pu voler depuis plus de douze années en France sans que l'on me fasse remarquer cette grave lacune !

— Bon, l'incident est terminé, je vais simplement prendre votre déposition et faire un rapport pour votre autorité militaire.

La machine cliquette donc encore un bon moment avant que je puisse rejoindre la salle à manger où tous les regards convergent alors vers moi. Un premier maître me demande en souriant :

— Alors, commandant, ils vous laissent en liberté ?

Le lendemain la neige a cessé. Il est tombé plus d'un mètre mais nous parvenons cependant à débarrasser les appareils de leur revêtement immaculé. Quelques heures plus tard nous atterrissons à Saint-Mandrier.

*
* *
*

En juillet, l'amiral commandant l'aviation embarquée me recevra et concluera sur mon commandement en ces termes :

— Ce qui est bien avec votre fichue 33 F, c'est que l'on sait d'après nos plannings quand elle part, rarement quand elle revient et que je n'ai comme « feed back » de ses activités que des lettres aimables de quelques généraux ou des rapports assez surprenants de la gendarmerie...

*
* *
*

En 1987, je pense encore à cette omniprésence de la maréchaussée, à la force incontournable de sa procédure, mais aussi à son dévouement...

Ah ! Dernière minute : un petit avion de tourisme piloté par un jeune Allemand de l'Ouest vient de se poser sur la place du Kremlin après avoir franchi la frontière et survolé le territoire soviétique sans être inquiété !

1978

N'DJAMENA

Sables encore, sables du Tchad, éternels. Si les grains se déplacent, les grandes dunes ne changent pas de position. Ainsi en va-t-il de cette histoire de rébellion Nord-Sud qui n'en finit pas.

Certes Fort-Lamy est devenue N'Djamena, certes le Toubou du Nord, Hissen Habré, va-t-il devenir Premier ministre puis chef d'Etat, on le saura plus tard, mais toujours et encore les combats Nord-Sud imprègnent les terres desséchées d'un sang souvent fraternel.

Cette fois-ci, le N'Djamena du général Malloum est menacée par les libyo-goukounistes. La France vient de dépêcher des troupes, quelques Jaguar et deux Bréguet Atlantic : l'opération « Tacaud » n'a que deux mois lorsque je quitte le commandement de la flottille 33 F. Paris m'envoie alors en tant qu'« adjoint Mer » auprès du général qui commande les éléments français au Tchad. Oui, un « adjoint Mer » en pleine Afrique car sur place se trouvent deux commandos Marine et deux avions de patrouille maritime.

Le jour de mon arrivée est marqué par la perte d'un Jaguar et c'est avec tristesse que je verrai dans la soirée un hélicoptère Puma se poser sur la base et déposer sur le « tarmac[18] » surchauffé le sac réglementaire contenant les restes du malheureux pilote.

---

18 - « Tarmac » : abréviation de tarmacadam, revêtement du sol à base de goudron et de pierres concassées.

Cet incident me concerne déjà puisque les Bréguet Atlantic sont ici pour observer le désert, écouter l'espace, guider les Jaguar et éventuellement sauver leurs équipages : ils sont les yeux et les oreilles du chef des opérations, ils sont les saint-bernard de tous ceux qui volent au-dessus de ces terres immenses. Ils font ici, au-dessus des océans de sable ou de savane, ce qu'ils ont toujours fait au-dessus des masses grises et mouvantes de l'Atlantique ou de la Méditerranée : chercher l'adversaire, retrouver l'ami.

La perte de ce Jaguar a mis en évidence quelques défauts dans l'organisation de la coopération entre les troupes au sol et les moyens aériens. Ainsi en est-il souvent au début d'une opération, lorsque tous les éléments se mettent en place dans un contexte nouveau où l'urgence prédomine.

Mais en quelques semaines les choses se mettent en ordre peu à peu et bientôt, la situation tactique étant relativement calme, nous décidons, à l'état-major, de tester le dispositif de recherche et de sauvetage dans des conditions aussi proches que possible de la réalité.

— Mon général, commence le colonel adjoint-Air, nous déclencherons demain un exercice de détresse en zone saharienne. Pour l'instant, et afin de préserver l'effet de surprise, seuls l'adjoint-Mer, l'adjoint-Terre et moi-même sommes dans le coup.

Le général est grand, carré, l'air décidé. Il ne quitte jamais une bouffarde malodorante culottée au tabac des armées. C'est un homme bourru et parfois coléreux. Mais on l'aime pourtant car c'est un opérationnel, un homme pragmatique et de bon sens, et sa rugosité cache mal une grande générosité, la simplicité des hommes sincères, une bienveillance bougonne.

— Bien ! Et qu'il en reste ainsi, je veux absolument pouvoir juger des réactions en grandeur nature : les équipages, les transmetteurs, la salle des opérations, bref les hommes devant l'imprévu. Cela servira en plus à votre remplaçant qui arrivera par l'avion de six heures. Il sera mis dans l'ambiance. Qu'avez-vous prévu ?

— Le thème est un crash d'hélicoptère dans le nord de Moussoro pour environ trente kilomètres. Vers dix heures, une

Alouette se posera à l'endroit prescrit et déposera une balise de détresse qu'il déclenchera. Il n'y aura plus qu'à voir ce qui se passe.

— Quels sont les vols programmés pour demain ?

— Une surveillance-reconnaissance par un Atlantic de 8 h à 12 h 50, dans le nord, une patrouille de deux Jaguar avec ravitaillement en vol par KC 135 du côté d'Ati, dans l'est, je garde les Puma ici, et, comme toujours, le deuxième Atlantic reste prêt à remplacer celui qui vole.

— Une journée comme les autres quoi ! Bon, on marche comme ça. Rendez-vous demain matin dix heures en salle Ops, et bien sûr, pas un mot.

La soirée se déroule comme toutes les soirées militaires et tropicales : moiteur de la nuit, acharnement des moustiques, vacarme des crapauds-buffles, long drinks au bar de la Tchadienne, souvenirs de campagnes... On refait l'armée, on discute politique, « café du Commerce » au pied des baobabs. Les étoiles inondent le ciel d'une pâleur lactée. De la mosquée, la modulation presque irréelle du muezzin appelle à la prière. La ville est calme et seules quelques patrouilles armées rappellent que l'avenir est incertain.

Le matin est plus frais. Serait-ce l'arrivée de la saison des pluies ? La mise en train de la base interarmées se fait comme à l'accoutumée. Du côté de la piste, les vols décollent les uns après les autres. Les avions restent à très basse altitude et, dès le bout de piste prennent un cap de sortie qui varie chaque fois afin de déjouer une embuscade éventuelle au SAM 7.Turbo propulseurs des Transall et de l'Atlantic, grondement furieux du KC 135, sifflement des turbines d'Alouette ou de Puma, déchaînement rageur des Jaguar... Symphonie pour oreilles aéronautiques : la feuille des vols se déroule devant la membrane de nos tympans !

A 9 h 30, nous sommes tous là, entrés à quelques minutes d'intervalle dans la salle des opérations. Le général et ses adjoints regardent les cartes. L'adjoint-Air présente à son remplaçant, les divers moyens de transmission et de liaison à sa disposition, l'organigramme des éléments aériens... L'heure fatidique approche. Dans un quart d'heure, il va se passer quelque chose !

— Charlie Oscar, ici Delta Bravo ?

C'est l'Atlantic qui appelle notre poste de commandement sur HF.

— Delta Bravo cinq cinq, parlez !

— De Delta Bravo, je viens de recevoir une émission de détresse aéronautique, je vous rappelle.

Nous nous consultons des yeux. Certes il y a un tout petit peu d'avance dans le programme, mais ç'a l'air de très bien marcher !

— Delta Bravo de Charlie Oscar, bien vu pour la détection détresse. Il s'agit en fait d'un exercice. Continuez la localisation de la détresse et rappelez nous.

Nous approchons de la carte, un doigt est posé sur la position où l'Alouette a dû déclencher sa balise. L'Atlantic n'est pas très loin, il ne va pas tarder à la localiser... Pourquoi cependant l'Alat n'a-t-elle pas respecté l'horaire ? et l'exactitude militaire alors ?

L'attente n'est pas très longue en effet.

— Ici Delta Bravo, l'émission de détresse est faible mais nous la relevons dans l'Est. Elle doit être loin, à plus de cent nautiques !

— Ici Charlie Oscar. Vérifiez bien, vous n'êtes pas très loin de la balise.

— Ici Delta Bravo, je confirme. L'émission est faible, dans l'est. Je compte entreprendre un circuit de recherche en remontant l'azimut. De plus mon radariste croit avoir vu un IFF Emergency furtif. Je vous demande confirmation de l'exercice.

Quelque chose cloche visiblement. Le front des adjoints-Air prenant et quittant se plisse. Un doute soudain dissout le hâle des visages.

L'adjoint-Air prenant, arrivé le matin même me demande, un peu brusque :

— Vous êtes sûr de votre équipage, ils ne verraient pas des rats bleus par hasard ?

Le colonel est un pilote de chasse. Alors les « lourds » ne peuvent être que des incompétents. Pour peu qu'ils soient marins, plus rien n'est sûr. Mais je mets son agressivité sur le compte d'une angoisse soudaine. Il a compris plus vite que les autres.

— Mon colonel, je ne suis pas un spécialiste de la patrouille maritime mais j'ai suffisamment d'heures de vol pour juger les hommes assez rapidement. J'ai volé avec cet équipage, il y a deux jours. Le lieutenant de vaisseau Guillard qui le commande est un bon. C'est de plus un flegmatique à l'anglaise... et je m'y connais. Il a un équipage soudé, homogène. Vraiment j'ai eu l'impression d'avoir affaire à une équipe de « pros » entraînés.

— OK compris. Qu'est-ce-qu'on a en l'air ?

— Deux Jaguar et un ravitailleur.

— Où ?

— Dans l'est, du côté d'Ati ou d'Abeche.

— Alors c'est qu'on a un vrai pépin !

Au même moment la radio crache à nouveau :

— Ici Delta Bravo, je reçois maintenant une balise de détresse dans l'ouest.

Il est dix heures pile. Tous les visages s'assombrissent en un instant. Il est clair maintenant que l'on a, quelque part dans l'est, une détresse réelle.

— Delta Bravo. Laissez tomber la balise qui vient de se déclencher, c'est celle de l'exercice. Entreprenez immédiatement une recherche vers l'est. On a dû avoir un crash.

Tout s'accélère maintenant. Le deuxième Atlantic est mis en alerte. Une information nous parvient enfin du KC 135. Il a observé la collision de deux Jaguar à l'issue du ravitaillement en vol. L'un a disparu, l'autre est en l'air, endommagé sur l'avant, mais essaie probablement de rentrer.

— Il n'a plus d'émission, dit le colonel, sinon il aurait appelé. Son IFF ne marche plus non plus sinon nos radars auraient son signal « Emergency ». Vous (il me désigne), allez à la piste voir ce qui se passe dans la roulotte radar. Qu'on prépare la récupération de cet avion. Alertez dès maintenant la sécurité de piste !

Très clairement, le colonel a pris les choses en main. Il décoince bien, cet arrivé du petit matin ! Me voici donc parti en direction du terrain après quelques coups de téléphone, et approche de la roulotte radar... juste pour voir sur la bretelle de dégagement un

Jaguar sans nez rouler vers le parking sous les yeux éberlués des « rampants ».

Le pilote est aussitôt conduit aux Ops. Il est traumatisé, pâle, défait. Il explique.

— On s'est empétardé à l'issue du ravitaillement. J'ai vu Didier partir en vrille... L'ai pas vu s'éjecter.

De belle taille, roux, c'est une « grande gueule », sympathique pourtant, que ce capitaine de l'Armée de l'Air. Mais aujourd'hui, c'est un héros déchu. Le théâtre est fini. Il n'est plus devant nous qu'un homme à nu qui sanglote :

— J'ai perdu mon copain ! j'ai perdu mon copain !

On l'emmène à l'infirmerie afin de le calmer. Ses camarades l'entourent, compréhensifs. Il a dû avoir une sacrée peur au moment de la collision. Quant à son retour, il tient de l'exploit. Son Jaguar est tronqué, le nez a disparu, l'entrée d'air du réacteur droit est déformée. Il a dû le ramener en aveugle, sans radio, sans radar, sans moyen de navigation avec un de ses réacteurs hors service. Il a mis le cap vers l'est, en gros, pensant bien rencontrer le Chari, ce large ruban d'eau limoneuse qui s'insinue dans la savane, entre le Cameroun et le Tchad et qui accroche les feux du soleil. Un serpent d'argent qui parcourt la brousse et se voit de loin. Quand on trouve le Chari, on trouve la base, elle est riveraine. Encore a-t-il fallu présenter l'appareil à l'atterrissage, tester son comportement à faible vitesse et sur un seul réacteur, apprécier les vibrations dues aux déchirures de la cellule, traquer, sur les instruments, la moindre anomalie dans le réseau électrique ou le réseau hydraulique pouvant compromettre l'atterrissage. Sortir le train, enfin, parier sur la tenue de son verrouillage, en particulier celui de la roulette de nez. Et seul, toujours seul devant l'ultime décision : s'éjecter ou risquer le tout pour le tout, ramener la machine à la maison ?

Quelle tension nerveuse ! Et ce doute lancinant qui brouille la réflexion : Didier a-t-il pu sauter ?

Dans la salle des opérations, l'émotion est fugitive. Il reste à agir. Il faut retrouver Didier. Il faut le récupérer à tout prix. S'il a sauté, il risque d'être fait prisonnier... ou d'être achevé. La zone n'est pas sûre. Mais où chercher ? La collision s'est produite à vingt-cinq mille pieds avec des avions qui foncent à plus de sept cents kilomètres à l'heure. La position de ravitaillement fournie par le KC 135 n'est pas bien précise, pas assez en tout cas pour obtenir un point d'impact. Et d'ailleurs l'avion s'est-il écrasé immédiatement ? Personne n'a vu le crash. Le pilote n'a-t-il pas essayé de le récupérer et de le ramener avant de s'éjecter ?

L'Atlantic a commencé ses recherches selon la méthode prescrite : remonter l'axe sur lequel on relève la balise, en effectuant de larges branches transversales, long et fastidieux feston aérien.

Dans l'avion les yeux scrutent le sol, le navigateur refait sans cesse ses calculs, le goniomètre est fébrile, prêt à relever toute émission... La méthode est lente mais elle est le fruit d'une longue expérience.

Ici, aux opérations, on calcule qu'il lui faudra deux heures pour arriver dans la zone où a eu lieu le ravitaillement en vol. Pourquoi n'irait-il pas directement là-bas ?

— Delta Bravo, la position la plus probable du crash est dans le nord d'Ati pour cinquante nautiques, ne pouvez-vous pas y aller directement ?

— Ah, ici Delta Bravo pas question !

La voix de Guillard est légèrement nasillarde, un peu traînante, empreinte de son flegmatisme. Le ton contraste avec la brièveté de la réponse. Il complète bientôt :

— Je ne peux pas faire d'impasse et céder à des pulsions. Faute de point de crash observé et d'autres signaux de détresse, la méthode la plus sûre est de remonter l'azimut de la dernière détection en ratissant. Y a pas à sortir de là.

Le colonel hésite très peu, il se tourne vers moi :

— Il a probablement raison, mais il faut gagner du temps et l'on peut très bien prendre le problème par les deux bouts. Sautez dans le deuxième Atlantic et décollez. Vous ferez entamer un autre type de recherche à partir du point de ravitaillement. Vous coordonnerez l'action des deux Atlantic de là-haut.

La Jeep me dépose rapidement au pied du fuselage blanc et gris. L'équipage est déjà dans l'appareil. Le commandant de bord est un enseigne de vaisseau arrivé depuis peu au Tchad. Tous ruissellent de sueur, il fait plus de cinquante degrés dans la carlingue, au grand détriment de l'électronique d'ailleurs. Voler fera du bien ! La liste de mise en route s'égrène sur le téléphone de bord.

Chaque mot déclenche un geste bref, une réponse qui claque.

L'avion prend vie, vibre, hurle, les cadrans s'allument, le tableau de bord est un visage qui s'éveille et s'anime. Ça y est, on va rouler.

— Merde !

Le mot ne fait pas partie de la procédure, mais il parle, comme on dit. La tête de l'enseigne aussi, d'ailleurs, qui contemple dans ses doigts un morceau de manette cassé. Usure du matériel ? fébrilité dans la mise en route ? Impossible en tout cas de continuer, il n'y a pas de rechanges et de toute façon la réparation prendrait trop de temps. Le jour est décidément à la malchance.

Le regard que me lance le colonel à mon retour aux Ops ne reflète pas la plus grande sympathie. Comme tous les hommes d'action, il n'aime ni les contretemps, ni la maladresse, ni la malchance. Et la poisse de notre enseigne de vaisseau remet en question sa confiance dans la Marine que je représente. Je ne peux lui en vouloir et, à vrai dire, il me plaît cet aviateur qui, arrivé depuis si peu de temps, a pris en main, d'autorité, la coordination des recherches, attrapant pour ainsi dire au vol les responsabilités de ses nouvelles fonctions.

Mais il ne reste maintenant qu'à attendre. Le silence est pesant, gênant et encombrant comme un linceul. Plus d'une heure s'est écoulée depuis le début de l'alerte. Nous sommes impuissants. Chacun imagine le lent travail de l'Atlantic, quelque part là-bas, laboureur besogneux d'un champ infini, dont les sillons abstraits sont le fruit de calculs mathématiques. Le KC 135 participe aussi aux recherches mais il ne possède aucun moyen sérieux d'investigation. Sur le « tarmac », deux Puma sont prêts à décoller. Le soleil est haut maintenant, surchauffant le métal, faisant vibrer l'air, déformant les silhouettes.

Quelques contacts radio, à intervalles réguliers, raniment chaque fois l'espoir d'une bonne nouvelle. Mais ce n'est que procédure de contrôle, ce ne sont que quelques mots brefs, codifiés, laconiques, froids comme un ordinateur.

Un brasseur d'air tourne lentement. Rescapé des abandons successifs de cette base aux Africains, on a pu le remettre en marche, tant bien que mal, et l'on doit supporter un couinement agaçant, régulier, qui ponctue le temps qui passe. Plus d'une heure.

— Ici Delta Bravo, nous avons visuel sur le pilote, il est vivant !

Tout le monde s'est levé, un cri de joie explose, on se presse devant le récepteur.

— Ici Delta Bravo, le pilote a l'air blessé mais il est bien vivant, je vous donne sa position, et pars localiser l'épave du Jaguar. Je guiderai le Puma.

Dans la salle Ops on devient bruyant :

— Chapeau, la Marine !

— De vrais saint-bernard !

— Champagne !

Des rires, des accolades, c'est le moment de gloire de la Patrouille maritime. Seuls le lieutenant de vaisseau Guillard et son équipage, qui par leur persévérance et leur professionnalisme ont permis de retrouver le rescapé ne pourront en profiter : ils atterriront quelque temps plus tard dans l'indifférence totale, la vedette étant revenue à l'heureux aviateur, ramené avec une jambe cassée, une bonne histoire à raconter, et l'aura de ceux qu'on a cru morts. On ne change pas les hommes...

Soulagé enfin, l'état-major se réunit à la table du mess, car l'appétit est revenu et l'après-midi bien entamé. La discussion va bon train, le rosé bien frais a une saveur qu'on ne lui connaissait pas. Heureux moment de détente.

Soudain le téléphone sonne. Etant le plus jeune, il me revient de répondre.

— Commandant ? Ici le standard, je vous passe le groupement de Moussoro.

— Moussoro ? Oui, ici l'état-major.

— Ici le capitaine Rigel. Je vous téléphone au sujet de l'Alouette.

— Quelle Alouette ?

— Ben, l'Alouette qu'on a envoyée ce matin avec une balise. Elle vient de redécoller pour nous contacter. Elle demande ce qu'elle doit faire parce que depuis le début de l'exercice SAR, elle n'a rien vu venir.

Le capitaine baisse un peu la voix :

— Le pilote n'a pas l'air content, il dit qu'avec une organisation de recherche et de sauvetage comme celle-là on peut tous crever dans le désert !

J'éclate de rire. Le serveur entre, son plateau est garni de coupes pétillantes...

1983

GOLFE DU LION

UN SAUVETAGE BIEN ORDINAIRE

« Par une belle matinée printanière, une bordée de pompons rouges déferlait dans les rues escarpées d'Alicante... »

Décidément ces articles pour « Cols Bleus » ne changeront jamais. On dirait un formulaire !

Il n'y a qu'à changer le nom du port visité et celui de la saison : « Par une belle matinée d'automne, une bordée de pompons rouges déferlait dans les rues escarpées de Funchal, de Tanger, de Québec... »

Le monde ne manque pas de rues escarpées !

— Non, que voulez-vous, il faut écrire quelque chose de différent. Plus de vie dans les mots, plus de modernisme dans la phrase, il faut écrire avec son temps. Brel. En voilà un qui savait décrire les marins en bordée : « Dans le port d'Amsterdam, y a des marins qui chantent les rêves qui les hantent... »

Je rends sa copie au jeune officier chargé de rédiger l'article. Il est muet, sans doute un peu vexé. Après tout, Brel c'est Brel, et à l'Ecole navale on fait plus dans l'équation que dans la chanson. Mais on ne sait jamais, Antoine a bien « fait » Centrale, ça ne l'a pas empêché d'accéder au hit-parade...

Sous nos pieds, le « Georges-Leygues » bouge à peine : quatre mille cinq cents tonnes, une stabilisation anti-roulis, une Méditerranée tout juste animée par un léger clapot, la recette en somme, d'une navigation paisible pour estomacs sensibles.

Un sacré navire cette frégate, une des dernieres-nées de la Marine, le nec plus ultra de la Royale en matière de lutte anti-sous-marine : un sonar remorqué à immersion variable, deux hélicoptères Lynx également équipés de sonars et de torpilles, et pour se protéger au-dessus de l'eau, le bateau a été doté d'un canon de 100 mm automatique, de quatre Exocet MM38 (rappelez-vous les Malouines). Une rampe de Crotale anti-aériens vient compléter une panoplie déjà impressionnante.

Il faut voir à l'intérieur de la coque. C'est bourré d'électronique. Quant aux moteurs, c'est la grande classe : deux diesel pour la navigation courante mais aussi, en cas de chasse, deux TAG, des turbines à gaz Rolls Royce de vingt mille chevaux, en fait des moteurs de Concorde adaptés au service à la mer... De quoi propulser nos quatre mille cinq cents tonnes à trente nœuds départ stoppé en moins de quatre minutes !

Tout cela bien sûr, je l'ai vite assimilé en apprenant il y a trois mois mon affectation à bord comme commandant en second. Pour un recyclage on ne pouvait rêver mieux !

Vous avez dit recyclage ? Oui recyclage. Quand un officier de Marine a passé toute sa carrière dans l'aéronautique, il est plutôt recommandé avant de lui confier le commandement d'un navire de lui rafraîchir la mémoire, de réveiller ses réflexes nautiques, de le remettre dans le bain, en quelque sorte.

Certes, je n'avais pas manqué de jours de mer en tant que pilote d'hélicoptère : porte-avions, porte-hélicoptères, bâtiments de débarquement, croiseurs, bâtiments logistiques, où n'ai-je pas apponté ? Mais une fois posé, le pilote n'est plus à bord qu'un passager, à la tête la plupart du temps d'une petite équipe technique qui ne s'occupe elle-même que des aéronefs. Pas de responsabilité dans le fonctionnement du bateau lui-même.

Alors que commandant en second, là, il y a de quoi faire : coordonner l'action de tous les services, s'occuper du personnel, de la discipline, de la sécurité vis-à-vis des voies d'eau ou de l'incendie, de la protection vis-à-vis des intrus ou autres saboteurs, préparer et suivre les carénages, régler la vie courante à quai comme en mer, programmer les entraînements, l'entretien du bâtiment... et se tenir prêt à remplacer le commandant en cas de nécessité. Peut-on imaginer meilleure préparation au poste suprême du bord ?

Mais le début est dur pour un parachuté de l'aéronavale. Un vrai tunnel : des mentalités différentes, un vocabulaire différent, un rythme nouveau...

C'est le saut dans la mare. On patauge un peu au début, et puis peu à peu on reprend pied. Un nouveau métier commence.

Le « Georges-Leygues » est sorti de grand carénage le mois dernier. Ce fut alors le rythme dément des essais à la mer. Sorties de toutes sortes, programme surchargé comme toujours. On planifie sur du papier. Mais la mer et le vent commandent. Appareillages multiples dans un mistral encore glacé. Retour plein pot, parfois, après quelques heures, pour débarquer ou embarquer quelques spécialistes, permutation de personnel technique encore, souvent au petit matin, dans une rade de Toulon à peine éveillée et qui frissonne sous le vent hivernal. Frustration du marin qui voit à quelques encablures les fenêtres de sa maison où la femme est encore au chaud sous la couette, où les enfants s'étirent, en grognant, car ce sera bientôt l'école. On tendrait la main, presque, pour quelque geste tendre. Mais non, le bateau tourne déjà la poupe aux terriens et repart vers la haute mer pour un nouveau galop d'essai.

Puis un jour, l'Amirauté émet le message tant attendu, l'« Aptibat », le bâtiment est reconnu apte au service. Le bateau oui, mais l'équipage ?

Pendant six mois il a piqué la rouille, gratté la tôle, repeint dans le vacarme des marteaux à aiguilles. Il a vécu nuit et jour dans un vrai chantier encombré de câbles, de tuyaux, de postes à souder ou à découper. Il a suivi à terre des entraînements sur simulateurs ou, pour la sécurité, dans des centres spécialisés où la fumée noire, les flammes hautes et épaisses, les voies d'eau, peuvent être créées, multipliées, aggravées ou supprimées à volonté.

Mais rien ne vaut l'entraînement à la mer.

L'ouvrier redevient marin au cours des sorties de remise en condition, où les exercices de simple mécanisation au départ deviennent ensuite de plus en plus complexes. Un jour, le bâtiment se trouve injecté dans un exercice majeur avec d'autres navires de tous types.

C'est ce que l'on vient de faire ces derniers temps : entraînement avec le sous-marin nucléaire d'attaque « Rubis », tout fraîchement admis au service actif, puis participation à l'exercice Farfadet, à caractère amphibie. Le tout s'est terminé à Alicante pour une escale de détente sur la côte espagnole.

Alors oui, pendant trois jours les pompons rouges ont déferlé dans les rues escarpées d'Alicante. Ils s'en sont donnés à cœur joie et l'ont bien mérité. L'article de « Cols Bleus » ne relatera pas les petits matins agités ou languissants chez quelque brune ibérique à qui l'on ne sait parler qu'avec les mains, ni les retours à bord parfois un peu lents et problématiques, les yeux rougis par le manque de sommeil ou les fumées du tabac.

Il ne relatera pas les coups de téléphone fébriles des maris à leur famille tant aimée ou les espoirs déçus de quelques dragueurs qui ont choisi le mauvais numéro et rentrent à bord bredouilles en fanfaronnant tout de même :

« Tu parles, elle était pas terrible. Méritait pas qu'on s'occupe d'elle cette pouffiasse ! J'lui ai dit de me lâcher les baskets, j'en avais marre. »

Il ne relatera pas la frustration de ceux qui restent à bord quand les autres s'amusent à terre. On voudrait profiter de chaque jour d'escale. Elles sont d'ailleurs si rares maintenant ces escales à l'étranger !

L'article parlera d'amitié entre les peuples, de réceptions protocolaires, d'accueil chaleureux, de visites de musées, de parcs, de cathédrales, de restaurants, parfois si la cuisine locale le mérite, ne serait-ce que par son côté folklorique...

Et puis il concluera : « C'est le cœur lourd et chargé d'émotion que les marins du " Georges-Leygues " ont vu s'éloigner dans la brume la silhouette trapue du vieux fort d'Alicante... »

Maintenant nous sommes en mer sur le chemin du retour. Cap sur Toulon !

La mer est encore calme, tout juste frissonnante. Mais cela ne devrait pas durer. Les prévisions météorologiques ne sont pas très bonnes.

Le repas s'achève maintenant et certains qui ne sont pas de quart vont pouvoir s'accorder une petite sieste pour récupérer aussi bien de l'agitation de l'escale que du quart de cette nuit que l'on vient de passer à la mer. Après, vers quinze heures, il faudra se remettre au travail c'est-à-dire préparer l'inspection générale que l'amiral commandant l'escadre va effectuer à bord peu après notre retour à Toulon.

Mais vers 14 h 00 un message tombe sur les téléimprimeurs en provenance de CECMED/OPS, le Centre d'Opérations du commandant en chef pour la Méditerranée. Toulon nous signale un navire en détresse du côté des Baléares. C'est une information, rien de plus. Elle est d'ailleurs complétée par des renseignements indiquant que des unités navales et aériennes espagnoles ont déjà entamé des recherches. Sommes-nous concernés ?

— C'est à plus de cent nautiques, me dit le pacha, et complètement en dehors de notre route !

Ce dernier, le capitaine de frégate Le Dantec, est, comme il le précise souvent lui-même avec une certaine fierté, né à Brest. Il a la mer dans la peau et ne peut rester insensible ou inactif quand un drame se joue sur l'eau. Mais un dilemme plisse son front :

— Un : Cecmed ne fait que m'informer, il ne me donne aucun ordre.

— Deux : si je me déroute de près de cent nautiques, c'est autant de perdu sur notre programme et de carburant utilisé aux dépens de notre entraînement.

— Trois : si on y va, il faut y aller plein pot et tout de suite pour arriver avant la nuit.

— Quatre : je n'ai aucune obligation de le faire car il y a déjà pas mal de monde sur place, et surtout les Espagnols pourraient se vexer.

— Cinq : pourtant, je sens que ça vaut le coup d'y aller. Le « Georges-Leygues » est ce qu'il y a de mieux dans le coin pour des recherches, avec, en plus, ses deux hélicoptères. Je le sens. Je le sens ! Il faut y aller. La nuit risque de tomber sur une mer qui se creuse.

— Alors on y va ?

— On y va ! Je ne veux pas avoir plus tard des vies sur la conscience... et je me méfie des Ibériques. Trioulaire, faites lancer les TAG et mettez le Lynx en alerte à vingt minutes.

L'enseigne de vaisseau Trioulaire, chef du quart, donne rapidement quelques ordres dans l'interphone. A la passerelle un climat particulier s'établit, plus dense. Les esprits se mobilisent.

— Commandant, tu préviens l'équipage ?

— Bien sûr, et tout de suite.

Le pacha traverse la passerelle, décroche le micro qui sert à la diffusion générale dans le bord. On y ordonne habituellement tous les mouvements qui règlent la vie du bateau : les relèves de quart, les repas, les rappels aux postes de manœuvre de sécurité ou de combat pour l'équipage réparti dans tous les recoins du navire, cette diffusion générale représente la voix « d'en haut », du « château », de la passerelle, quoi, où tout se décide, où le pacha dispose d'un grand fauteuil habillé de blanc où il passe ses journées voire une bonne partie de ses nuits, s'il n'est pas un peu plus bas juste sur l'arrière de la passerelle au Central Opérations, ce qui est le cas lors d'activités tactiques, car c'est là qu'il a une meilleure vision (électronique) de la situation.

Il est assez exceptionnel que le commandant s'adresse à l'équipage par l'intermédiaire de cette diffusion générale. Dans tout le bord sa voix s'élève maintenant.

« Communication générale, ici le commandant.»

Tout s'arrête, les oreilles se tendent, les yeux se tournent vers les haut-parleurs, comme si la tête du patron allait y apparaître.

« Nous avons reçu un message de détresse d'un caboteur, le " Gelinda ", qui a une voie d'eau. Il y a seize membres d'équipage. La position indiquée le place à plus de cent nautiques de nous. Les

Espagnols ont déjà entamé les recherches avec des navires, des avions et des hélicoptères. Mais il semble régner une certaine confusion. La position peut s'avérer fausse. La mer se creuse et la nuit s'approche, il faut mettre le paquet. J'ai décidé de me joindre aux recherches. Nous y allons à trente nœuds. Il faudra quatre heures pour être sur zone mais notre Lynx partira plus tôt. Fin de communication. »

Les discussions reprennent, tout excitées. Pas une voix ne s'élève pour regretter le retard probable du retour à Toulon. Un sauvetage, c'est sacré. Pourvu seulement qu'on n'y aille pas pour rien. C'est si souvent ce qui se produit !

Mais à tous les niveaux le bateau s'organise. Il faut tout envisager : le treuillage des naufragés par hélicoptère, ou leur récupération le long du bord, s'ils sont dans une embarcation, ou encore leur recueil par Zodiac. Il faut prévoir des échelles, des filets, des lignes de vie pour « assurer » ceux que l'on hissera à bord, prévoir leur hébergement, leur nutrition, voire de quoi les habiller de sec.

L'étrave du « Georges-Leygues » trace dans les eaux gris bleu un chevron d'écume. C'est un pur-sang !

Le temps passe et la radio n'apporte que des nouvelles confuses. Les recherches n'ont encore rien donné. Le pacha se trouve conforté dans la justesse de sa décision dont il a rendu compte à CECMED/OPS.

Quelque part devant nous, très loin encore, une coque s'enfonce peu à peu dans les vagues naissantes. Le compte à rebours a commencé. Il faut sauver les seize marins avant la nuit.

Sur le pont d'envol, le Lynx est prêt. On l'a équipé d'un treuil, on a mis à son bord des phoscars, le plongeur prépare son matériel : des bouteilles ARAS de faible encombrement, permettant cependant de descendre rapidement jusqu'à trente mètres sous la surface, mais aussi un harnais qui permettra éventuellement de remonter les naufragés en bout de câble.

Un matelot parlant espagnol est prévu pour servir d'interprète, car on suppose bien sûr qu'il s'agit d'un caboteur local.

Deux heures trente se sont écoulées depuis la décision du pacha. Il est temps de faire décoller l'hélicoptère. C'est un biturbine équipé de moyens de navigation très sophistiqués : calculateur, Doppler, radar...

Le maître principal Dubarry est une figure de l'Aéronavale à voilures tournantes : taille moyenne, cheveux bruns un peu frisés, la peau mate et halée du Méridional, le verbe haut au service d'un caractère exubérant et joyeux. Pas facile à manier, « la comtesse[19] », comme le surnomment finement ses camarades amateurs de bonne chère. Mais un vrai « pro », aussi bien en pilotage pur qu'en lutte anti-sous-marine et, en fin de compte, totalement dévoué à son métier : pilote de l'Aéronavale.

Il est en ce moment au Central Opérations, observant sur la table à cartes les zones de recherches qu'il survolera bientôt. Les cercles d'incertitude y apparaissent, liés à une probable erreur dans la position indiquée, mais aussi au calcul de la dérive due au vent. Il note les fréquences sur lesquelles contacter les autres aéronefs et le Centre de Coordination des secours espagnols. Mais soudain l'ordre tombe :

— L'équipage à son appareil.

Sur le pont le vent relatif est fort, car aux trente nœuds dus à la vitesse du bâtiment, s'ajoutent les quinze nœuds de vent réel. L'équipage s'installe dans l'appareil et se sangle : deux pilotes, un treuilliste, un plongeur, le matelot interprète. Les turbines crachent leur sifflement suraigu. Des hommes retirent au dernier moment les bonnettes de pales qui empêchaient celles-ci de battre sous l'effet du vent. Embrayage. Orientation du Lynx légèrement sur bâbord par rotation autour de son harpon. L'appareil lâche enfin la grille du pont. Il est libre et prend son vol rapidement.

Il ne reste plus que deux heures avant la nuit. Tous nos espoirs reposent sur cet hélicoptère maintenant, son radar et les yeux des

19 - Une marque de conserves gastronomiques porte le même nom.

pilotes. Un silence total règne à la passerelle alors que, des entrailles du navire les turbines Olympus de Rolls Royce crachent leurs quarante mille chevaux dans un sillage décidé.

Vingt, trente, trente-cinq minutes s'écoulent ainsi et puis enfin :

— Ici Charlie Alfa, j'ai un petit écho sur mon radar, je vais droit dessus !

Plusieurs minutes encore, bien longues.

— Ici Charlie Alfa, visuel sur un canot de sauvetage. Il y a ... attendez, on dirait un chalutier à proximité. Il a une drôle d'allure.

A la passerelle le pacha s'interroge sérieusement. Il a encore une heure à faire pour arriver sur les lieux. Mais à quoi cela servirait-il puisqu'il y a déjà un chalutier sur place ? Pourquoi aussi le Centre de Coordination des recherches n'a-t-il pas annoncé la découverte des naufragés par ce bateau ?

— Ce n'est pas clair. On va jusqu'au bout, décide-t-il en se penchant sur l'interphone. Ops, dites à Dubarry de voir s'il y a d'autres canots et d'aller regarder ce chalutier de plus près.

Mais la radio l'interrompt.

— Ici Charlie Alfa. Je suis plus près maintenant. Je confirme un canot avec du monde dedans. Un autre plus loin, qui a l'air vide. Le chalutier est en fait le bateau qu'on cherche. Il a une forte gîte et est enfoncé de l'avant. Je descends et vous recontacterai plus tard.

C'est à lui de jouer. En perdant de l'altitude, il perd en portée radio. Le contact est perdu. Nous réalisons tous maintenant que le pacha a eu raison. Ces gens-là sont seuls sur une mer qui s'agite, à moins d'une heure du coucher du soleil. Il n'y a auprès d'eux que notre hélicoptère. C'est à nous, et à nous seuls, de conclure cette recherche en récupérant et ramenant sur la terre ferme ces seize hommes démoralisés.

On pourrait les treuiller un par un, à partir de leur canot, ce qui en soi serait déjà très long, mais le Lynx ne pourrait les amener à bord que quatre par quatre, et le temps de transit serait prohibitif. Il n'y a plus d'urgence, par ailleurs, puisqu'ils sont au sec, rassurés par la présence de l'hélicoptère, et que dans une heure nous serons sur place.

Le commandant décide de les récupérer directement à bord lorsque nous serons arrivés, par transfert en Zodiac, ou en accostant directement leur canot le long du bord.

— Ici Charlie Alfa, j'ai pris contact avec les occupants du canot en y treuillant mon plongeur. L'équipage est yougoslave, le capitaine confirme que tout le monde est sain et sauf dans le canot. Il parle un peu anglais. Le caboteur pique du nez de plus en plus. Il n'en n'a plus pour très longtemps. Instructions ?

— Charlie Alfa de Georges-Leygues. Vous renvoyez votre plongeur leur expliquer comme il peut que nous arrivons et qu'on va les recueillir le long du bord. Laissez le plongeur avec eux, ça va les rassurer. Orbitez jusqu'au « Stay Zero [20] » puis rentrez à bord pour ravitailler. Nous serons sur zone dans quarante minutes.

— Ici Charlie Alfa, Roger out !

A bord tout s'organise. Des couvertures, des matelas sont installés entre les tables de la cafétéria de l'équipage. Filets, filins sont mis en place sur tribord au niveau du pont milieu. Au C.O. on s'emploie à prévenir le Centre de Coordination et à lui indiquer la position exacte du naufrage. Il n'y a plus qu'à attendre.

Trente minutes s'écoulent.

— Georges-Leygues de Charlie Alfa. Stay Zéro. Je rallie. Le cargo est en train de couler.

Un peu plus tard, un petit point se détache sur un horizon qui s'assombrit. Le Lynx se pose bientôt, sa tâche est terminée. Bien joué Dubarry.

Mais tout n'est pas fini. Le transfert du personnel à la mer n'est pas toujours chose facile. Ne crions pas victoire.

Le moment d'ailleurs approche, alors que le ciel s'assombrit encore. Le Central Opérations annonce un contact radar faible droit devant. Peu après la veille optique confirme :

— Embarcation droit devant !

---

20 - Stay Zero : l'appareil n'a plus que le carburant nécessaire à son retour. Il lui reste… zéro minute sur zone.

A la passerelle les jumelles se braquent sur ce petit point orange, tout là-bas, seul sous l'horizon. Le cargo a bel et bien coulé Quant au deuxième canot il a disparu lui aussi.

Le « Georges-Leygues » commence, quinze minutes plus tard, à réduire ses turbines, puis se place au vent du canot, et stoppe. Un Zodiac est mis à l'eau pour établir la liaison avec les naufragés, leur donner des consignes, organiser l'accostage.

Tout cela prend du temps, le clapot s'est levé, il faut agir avec précaution. Le canot est maintenant le long du bord. A l'intérieur, seize hommes, les traits tirés, tiennent à la main qui une valise ficelée à la va-vite, qui un sac auquel a été accroché au dernier moment quelque objet fétiche ou jugé indispensable. On croirait voir des immigrés, des fuyards. Ceux-là sont les apatrides de la mer, embarqués ici, rejetés là par le caprice d'armateur sans scrupules, les hasards de la mer, la trahison d'une coque.

Il faut voir cet homme aux cheveux blancs qui monte le long du bord. Il ne quitte pas des yeux un petit sac qu'un matelot hisse à faible distance : Kanjvo Tavo a perdu son bateau et n'a pu sauver, de ses affaires, que son sextant, sa seule richesse, son outil de travail, dans le monde des pavillons de complaisance. Il enjambe les filières, récupère son trésor qu'il serre sur la poitrine, me tend la main. Un sourire généreux adoucit ses traits tirés, et si ses yeux sont humides, cela ne vient pas des embruns.

— Merci, thanks for saving my men !

Je l'accompagne à la passerelle où l'attend, un peu ému, notre pacha.

D'autres hommes montent à leur tour. Leur peau mate a la couleur de l'ambre ou de l'ébène. C'est le monde des marins au rabais dont les pôles s'appellent Liberia ou Panama. Des marins pas trop difficiles sur les questions de sécurité et de confort et qui, plutôt que de rester au chômage, acceptent de naviguer sur ces vieilles coques qui parfois, de fatigue ou de découragement, s'ouvrent à la mer pour y trouver le repos définitif.

Le « Georges-Leygues » va reprendre sa route après avoir coulé au canon le canot abandonné qui représente un danger pour la navigation.

L'équipage est heureux ; oh, ce sauvetage n'avait rien d'extraordinaire ! Pas de tempête qui hurle, pas d'hommes arrachés à des lames féroces, pas d'héroïsme. Simplement une machine magnifique qui a bien fonctionné avec, en plus, le petit zest d'intuition que l'on appelle parfois la chance... ou le talent.

Pour récompense : des mains serrées sur un bol de bouillon chaud, des couvertures jetées sur des épaules arrondies, des yeux clairs ou ténébreux, qui nous livrent mieux que des mots yougoslaves, turcs ou syriens, un peu de joie, d'émotion et de chaleur humaine.

1985

LIBAN

Le « Georges-Leygues » est le type de bâtiment dont la présence s'est avérée indispensable depuis 1982 au large du Liban et ceci pour plusieurs raisons : il possède avant tout deux hélicoptères, moyens sûrs et rapides de liaison entre le bâtiment et les côtes chypriotes et libanaises ; il est équipé d'un canon de 100 mm apte à tirer contre la terre en appui feu ; il est pourvu d'un armement d'autodéfense, des moyens de recueil d'information et de transmissions des plus sophistiqués. La mission principale qui lui est confiée est avant tout d'être présent dans cette zone agitée et de se tenir prêt à faire face aux différentes éventualités pouvant se présenter : évacuations sanitaires, transports de personnalités politiques ou diplomatiques entre Beyrouth et Larnaca (Chypre), évacuation du corps diplomatique en place à Beyrouth, relais de transmissions pour les éléments français stationnés dans cette ville, rétorsion enfin, par le canon, contre des actions hostiles pouvant être exercées contre nos installations à terre.

C'est pourquoi, comme d'autres bâtiments de sa classe, il participe régulièrement au tour de présence devant le Liban, permanence à laquelle la Marine a donné le nom de code « Olifant ».

Mon affectation de second sur ce bâtiment m'a donc conduit trois étés de suite devant Beyrouth, trois déploiements de trois mois dans cette région chaude et pas seulement à cause de la saison.

Que le lecteur n'attende pas de moi la description d'actions dramatiques, de combats sanglants ou d'opérations mystérieuses. Non, parce que, au contraire de certains militaires vengeurs ou redresseurs de torts et autres fonctionnaires amateurs de sournoises peaux de bananes, j'ai toujours le respect du secret-défense. Mais plus simplement parce que ces détachements se sont avérés relativement calmes et illustrent parfaitement la notion de servitude militaire si bien décrite par « Le désert des Tartares » de Dino Buzzati.

La situation était chaque fois différente, cependant, et le calme toujours précaire.

En juin 1983, la Force multinationale de sécurité quadrillait Beyrouth. Une armada américaine appuyait du large ses troupes à terre, cependant que les marines italiennes et françaises faisaient croiser dans les mêmes parages un ou deux bâtiments de combat (la France y avait auparavant déployé jusqu'à dix navires).

Dans Beyrouth même, la partie ouest était pour nous la plus sûre, ce qui est tout relatif, car les chrétiens avaient mal digéré le sauvetage des Palestiniens par nos forces. Nos troupes étaient cependant partout : légionnaires pour quadriller la ville, commandos Marine pour surveiller le port et effectuer avec le 17e régiment parachutiste un extraordinaire travail de déminage et de recherche de caches souterraines ou en bordure de mer.

Le premier contact du « Georges-Leygues » avec Beyrouth avait été, cet été-là, des plus surprenants et illustre bien l'ambiance particulière qui prévalait à l'époque.

Alors que dans l'obscurité nous approchions la côte libanaise, un extraordinaire feu d'artifice s'est soudain élevé au-dessus de la ville. Comprenez bien ! Il ne s'agissait pas de fusées Grad, d'obus traçants ou d'incendies, car cela constituait malheureusement dans le passé récent des manifestations nocturnes et lumineuses assez ordinaires. Non, « extraordinaire » signifie qu'il s'agissait d'un vrai feu d'artifice, avec des « belles bleues », avec des « belles rouges » et des feux de bengale soulignant malheureusement les blessures des immeubles, tandis qu'en bordure de mer une grande roue de fête foraine continuait à tourner comme elle l'avait toujours fait, dit-on, même aux moments les plus forts de l'opération « Paix en Galilée » alors que les Israéliens bombardaient à quelques kilomètres de là les faubourgs de Sabra et de Chatilah.

J'ignore encore la raison de ce feu d'artifice, mais en garde cependant une impression de tristesse, le souvenir d'un profond malaise comme celui que l'on pourrait ressentir au spectacle d'une personne qui rit et s'amuse et que l'on sait atteinte d'un cancer incurable.

Le bouquet final de cette fête éphémère n'était-il pas un lourd symbole, l'ultime éclat de rire d'un peuple plein de ressort et d'optimisme, une sorte de pied de nez au mauvais sort, à la fatalité de la mort, un défi aux maîtres habituels du ciel et de la nuit, projectiles diaboliques aux paraboles assassines, se croisant au-dessus d'une « ligne verte » mais en fait rouge ; rouge du sang répandu, de la chair éclatée et des flammes ravageuses ?

Ne marquait-il pas encore le début d'un inéluctable et lent déclin, d'un plongeon vertigineux dans l'anarchie, les luttes impitoyables entre des puissances occultes, des clans, des passions inavouables que rien ne peut plus arrêter et qui conduiront en quelques années le pays le plus prospère de la Méditerranée orientale aux portes du quart monde ?

Bouquet final, oui ! Encore trois ans et l'on verra des pères vendre la moitié de leurs enfants au premier acheteur venu dans l'espoir de sauver l'autre moitié...

Mais on n'en était pas encore là en ce mois d'août 1983. La place était assez bien tenue par les Marines, la Légion étrangère, et les Bursagliari. Le « Georges-Leygues » pouvait, à intervalles assez réguliers, venir mouiller dans la baie Saint-Georges et envoyer à terre des « permissionnaires » que des véhicules blindés prenaient en charge pour les mener visiter les différents postes tenus par nos troupes.

Une « escale » a même conduit la frégate à pénétrer dans le port de Beyrouth où gisaient çà et là des épaves obliques, et à s'accoster le long d'un quai. Le port était ouvert à tout le monde.

Aucun filtrage particulier. La première précaution fut de faire construire un mur de conteneurs, parallèle au navire, pour le mettre à l'abri d'une voiture suicidaire et explosive (le Drakkar en sera victime deux mois plus tard). Mais demeurait malgré tout la menace de l'obus de mortier ou de la fusée Grad, modernes épées de Damoclès, menaces diffuses et incontournables dont le seul défaut, et notre sécurité tenait à cela, était de désigner l'origine du tir.

C'était une époque curieuse où l'on pouvait voir, rue Hamrah, une jeep américaine s'arrêter devant une boutique et en descendre trois Marines, gilets pare-balles et casque lourd à poste, les deux premiers surveillant la rue et la porte, le troisième entrant... faire ses achats ! Dans certains magasins s'étalaient des T-shirts couverts d'illustrations ou de textes à l'humour douteux : « Beyrouth 1982, sun-tanned and still alive [21] », rappelant le dramatique été précédant. Les magasins regorgeaient de marchandises japonaises et le commerce allait bon train. A l'est le quartier des banques cicatrisait ses plaies. Des immeubles neufs se dressaient au milieu des ruines. Les marbres lisses défiaient les façades grêlées ou déchiquetées des murs adjacents. L'argent était encore partout, il courait de main en main, de bureau de change en bureau de change. Les bombes n'avaient pas encore tué le profit.

Et puis les choses ont peu à peu changé. Les rues se sont vidées de plus en plus souvent sous la menace des fusées Grad. Le « Georges-Leygues » ne mouillait plus en baie Saint-Georges, ni son homologue italien d'ailleurs car chaque mouillage était curieusement suivi le lendemain de la chute dans la baie de quelques fusées. Le langage était clair et le message fut perçu.

A Chypre, Larnaca, notre port de relâche lui-même, était devenu peu sûr, puisque l'ASALA s'y était repliée et qu'à la suite de l'attentat d'Orly et de l'arrestation d'un de ses membres, elle

---

21- « Beyrouth 1982, bronzé et toujours en vie. »

menaçait de s'en prendre aux forces françaises où qu'elles fussent. Nous venions d'ailleurs d'être localement mis en garde sur ce point.

Le « Georges-Leygues » est rentré en France début août, laissant la place à la « Rance » et au « Guépratte ». Peu après les choses se sont sérieusement dégradées. La Résidence des Pins, abritant l'état-major des troupes françaises, fut prise sous un déluge de feu. Le porte-avions « Foch » fut dépêché sur zone et ses Super Etendard firent cesser les bombardements. Mais il y eut ensuite l'attentat meurtrier du Drakkar contre nos parachutistes. Ce fut alors le fameux raid aérien contre Baalbeck, prouesse technique. Mais les seules blessures qu'il infligea furent pour mes camarades de la chasse embarquée. Oui, de profondes blessures d'amour-propre pour ces pilotes que l'on avait envoyé affronter des rampes de missiles pour attaquer une cible que des circonstances extérieures à l'aéronavale avaient vidée de ses occupants habituels, et qu'une presse mal informée ou trop avide de sensationnel avait tournés en dérision.

Lorsqu'en juin 1984 notre frégate se représenta devant Beyrouth, la Force multinationale de sécurité avait quitté la ville. Seule, une poignée d'« observateurs » français sous les ordres d'un chef peu commun, le colonel Fleutiaux, tenait, aux points clés, des postes d'observation d'où ils exerçaient le redoutable rôle d'arbitre.

Nous leur amenions la première relève partielle. Ce fut pour nous l'occasion de faire connaissance avec ces hommes tous volontaires pour une mission impossible. Venus de toutes les armées, de tous les horizons, de toutes les strates de la hiérarchie pour arborer, avec un courage et une modestie authentiques, un casque blanc qui deviendra vite célèbre, ils risquaient chaque jour le coup mortel et anonyme de quelque tireur embusqué. Leurs conditions de vie étaient des plus précaires et parfois franchement incroyables, mais ils les acceptaient sans broncher, portés par le charisme de leur chef.

Le colonel Fleutiaux faisait certes l'admiration de ses hommes mais il faisait aussi celle de tous les partis et les clans qui s'affrontaient dans Beyrouth. Amputé des deux jambes et portant prothèses, d'une corpulence respectable, il ne tenait pourtant pas en place. Il était partout, intervenant sans répit dès qu'un conflit local risquait de dégénérer. Il parlait couramment l'arabe et prenait souvent de court ses interlocuteurs chiites ou maronites par quelque réponse salée et colorée que le Quai d'Orsay n'aurait jamais pu entériner.

En l'espace de quelques mois cette poignée d'hommes avait accompli un tel travail que l'espoir renaissait. Le calme était revenu et la ligne verte connaissait un silence peu habituel. Pour concrétiser cette ambiance nouvelle et peut-être, aussi, forcer les esprits et le sort, le gouvernement libanais accueillit favorablement la proposition française de faire effectuer une escale officielle, dans le port même de Beyrouth, à un bâtiment de guerre français, en l'occurrence le « Georges-Leygues », une escale comme ce port n'en avait pas connu depuis longtemps, avec permissionnaires en blanc et « coquetèle » !

Le 30 juin, la frégate se présenta donc à l'entrée du port. Nous avions choisi avec soin un quai pointant vers la sortie des bassins afin de pouvoir, en cas de tirs de mortiers ou de Grad, appareiller en catastrophe. Le port cette année-là était visiblement l'objet d'un contrôle efficace. A l'occasion de notre escale, un régiment chrétien était venu renforcer les effectifs habituels dans son enceinte même. Les Libanais avaient tout prévu pour éviter l'attentat.

Nous-mêmes, redoutant une attaque venant du large, maintenions des canons de 20 mm en alerte et avions obtenu des autorités libanaises l'autorisation de tirer sans sommation sur toute embarcation rapide se dirigeant vers nous. Pour plus de sûreté, un petit détachement de commandos marine avait été mis en place sur le sommet de l'immense silo à blé qui dominait le port. Il était équipé de fusils à lunettes et de matériel de vision nocturne.

Sur le quai, des blindés placés en chicanes empêchaient l'accès des véhicules en direction de notre coque.

Le décor était planté pour cette « escale de détente » pour le moins inhabituelle.

Elle se déroula sans incident. L'équipage, officiers compris, put sillonner les rues en uniforme d'un blanc immaculé. Mais l'expérience dut se limiter à Beyrouth-Est car depuis quelques jours l'ouest s'agitait d'une façon inquiétante. On y remarquait pour la première fois de nombreux portraits de Khomeyni porteurs de sombres présages. Le « coquetèle » eut lieu comme prévu. Le quai fut à ce moment protégé par un cordon de soldats en armes du plus bel effet. Les voitures arrivaient cependant jusqu'au pied de la coupée. Des invités en descendaient encadrés par leurs gardes du corps. Curieux le spectacle du pont d'envol ! On remarquait autant les bijoux des dames que les armes de leurs chevaliers servants qu'un mouvement de la veste découvrait de temps à autre.

Mais le souvenir qui me marqua le plus fut sans doute la randonnée assez extraordinaire que me fit effectuer un observateur, capitaine de corvette et commando Marine de surcroît, dans la zone dévastée de la place des Canons et les rues adjacentes qui descendaient jusqu'au port.

Ce quartier constituait sa zone de responsabilité. Il y vivait pratiquement seul, se nourrissant comme il pouvait, dormant souvent à même le sol et en des emplacements sans cesse renouvelés. Il connaissait tous les postes de combat, retranchés parfois derrière d'épaisses meurtrières. Il me montra de véritables routes de ravitaillement taillées à coup de bulldozer à travers le rez de chaussée des immeubles, véritable travail de termites à l'abri des mortiers adverses. Pas un habitant. Seuls quelques animaux faméliques et amputés rasaient les murs déchiquetés.

Je notai au passage l'abandon des travaux de reconstruction du quartier bancaire observés avec espoir l'année précédente. L'on parcourait un quartier vidé de toute vie mais où chaque recoin révélait l'entretien de positions de combat, capables de s'embraser en l'espace de quelques heures.

Mon guide me montra, place des Canons, les restes d'un tunnel souterrain creusé par les musulmans en direction du côté chrétien et que ces derniers avaient incendié après avoir soigneusement attendu qu'il fût occupé par leurs adversaires.

Oui le calme régnait. Mais l'équilibre acquis à grands renforts de négociations et d'arbitrages quotidiens était instable. Chacun jouait la comédie de l'optimisme et notre escale en faisait partie. La suite montra plus tard que ce fut en pure perte.

Le « Georges-Leygues » appareilla le lendemain matin après une nuit de veille tendue. Mais en fin de compte il n'y eut aucun incident, au grand soulagement des autorités politiques mais en premier chef à celui du commandant, le capitaine de frégate Rouyer.

Notre patrouille « Olifant » prit fin le 20 août sans autre temps fort.

1985

Aujourd'hui, 27 juin, nous sommes seuls sur une mer d'or, lisse comme un plateau d'orfèvre. Le soleil se rapproche peu à peu de l'horizon. Il éclaire encore au loin une ville fantomatique dressant dans un ciel de brume et de poussière quelques tours ravagées par les impacts et les incendies mais auxquelles la distance donne encore fière allure. Beyrouth est calme et récupère, en quelques jours, des violences épisodiques dont elle est le théâtre depuis si longtemps.

Plus loin vers l'ouest à plusieurs centaines de kilomètres une flotte américaine patrouille. Elle s'est donné du recul cette année et nous ne connaîtrons d'elle que les indications de nos consoles Senit[22] qui, dans la semi-obscurité du Central Opérations nous donnent à chaque instant un aperçu instantané de la situation, aussi bien sur l'eau qu'en dessous ou dans l'air.

A bord du « Georges-Leygues » les discussions vont bon train, on ne peut nier une certaine excitation des esprits. Une réunion vient de rassembler les chefs de service et quelques gradés pour une ultime mise au point. La journée de demain va être longue et

---

22 - SENIT : système d'exploitation numérique des informations tactiques.

certainement tendue mais l'équipage est heureux, son bâtiment va enfin rompre avec la routine et laisser son rôle ingrat de spectateur impuissant pour agir de la façon la plus intelligente qui soit en cette période de pure folie. Le « Georges-Leygues » va demain se rendre à Jounieh, un port chrétien qui se trouve à douze kilomètres dans le nord de Beyrouth, pour y recueillir des enfants blessés et les emmener à Chypre d'où ils seront rapatriés vers la France. Car on en est là. L'aéroport international de Beyrouth est fermé une fois de plus et le seul acheminement possible passe par la mer.

A l'origine de cette démarche généreuse se trouve une femme exceptionnelle. Mère de dix enfants elle n'est pas encore rassasiée de tendresse donnée, d'efforts de tous les instants, de sacrifices à longueur de temps. Elle s'est donné pour sens de la vie le nom qu'elle porte comme un étendard : Bonheur.

Jacqueline Bonheur est présidente de l'association « SOS Enfants sans frontières ». C'est elle qui a eu cette idée d'aller arracher au Liban les enfants que ce pays avait meurtris et que ses hôpitaux saturés ne pouvaient plus soigner complètement. Jusqu'au dernier moment elle a dû se battre pour convaincre les partis, obtenir de l'argent, affréter un avion. Aujourd'hui encore elle est à Beyrouth allant de l'est à l'ouest pour emporter l'adhésion de tous, vaincre les réticences, arracher l'autorisation de faire passer à l'est des enfants musulmans, négociant, atroce marchandage, le nombre exact de victimes que chaque tendance acceptera de voir partir.

Avec elle, quatre autres membres de son association, dont un médecin et une infirmière, parcourent les hôpitaux pour sélectionner les cas les plus nécessiteux mais aussi ceux dont on sait que les soins procurés en France assureront, mieux que dans aucun hôpital du Moyen-Orient, le soulagement inespéré ou la récupération de facultés jusque-là compromises.

Cet après-midi, le président Amine Gemayel l'a reçue :

— Ce que vous faites, madame, c'est une première. Faire passer des enfants d'un secteur à un autre, c'est d'une certaine façon tenter de résoudre nos problèmes. Nous essaierons de suivre votre exemple sur une plus grande échelle.

A bord ce sont les préparatifs, la mise au point des derniers détails. L'infirmerie sera réservée aux cas nécessitant l'isolement, comme les brûlés, car il n'y a que quatre lits. Le carré des officiers subalternes, qui se trouve en face, sera vidé de ses meubles et transformé en salle d'hôpital avec une quinzaine de lits, un poste d'officiers mariniers sera pour une nuit aménagé en garderie pour les enfants en très bas âge. Ses occupants habituels se débrouilleront pour partager la couchette de quelques camarades de quart à la manière des sous-mariniers qui pratiquent couramment la « bannette chaude ». Il faudra également accueillir les journalistes, les héberger et les nourrir. Eh oui, des journalistes, car à notre époque toute œuvre de charité a besoin de publicité pour survivre ou susciter des vocations nouvelles. Si le show-bizz a rejoint les grandes causes, il faut bien dire que les œuvres caritatives ont dû aller vers le show-bizz. Etats d'âme ou pas, il s'agit d'être efficace...

28 JUIN

12 h 45. Le « Georges-Leygues » pénètre dans les eaux territoriales libanaises pour la première fois depuis le début de sa mission en Méditerranée orientale. Le risque n'est pas nul de voir quelque « fou » d'Allah ou de Dieu compromettre cette tentative de réconciliation provisoire et toutes les précautions ont été prises à bord pour prévenir un attentat au bateau piégé ou à la roquette. L'équipage a revêtu la tenue de sécurité : combinaison de toile et cagoule anti-flash.

13 h 30. Notre hélicoptère, un Lynx, se pose à Jounieh, dans l'enceinte de la base navale tenue par les chrétiens. A son bord se trouve notre médecin. Il va réceptionner les blessés, fixer leur ordre d'embarquement, s'assurer de leur conditionnement, et de leur aptitude à survivre.

14 h 00. Trois ambulances pénètrent dans la base et se rangent à côté de l'hélicoptère. Huit enfants chrétiens de Beyrouth-Est en sont extraits. Leurs familles les accompagnent et, sur leur visage, la dignité contient difficilement la douleur d'une séparation proche,

aux lendemains incertains. Des visages tendus, ravagés par tant de larmes déjà. Car la plupart de ces enfants ont été blessés il y a plus d'un mois, le 22 mai, lors d'un attentat à la voiture piégée dans le quartier de Sinn el-Fil.

14 h 15. Le Lynx effectue sa première rotation vers le bord. Sur le pont d'envol des équipes de brancardiers sont prêtes. Le cheminement entre le pont et les salles hospitalières a été soigneusement étudié. La cohorte des journalistes vient d'embarquer sur tribord à partir d'une vedette de la Marine libanaise dont les canons sont ostensiblement pourvus de leurs bandes étincelantes d'obus de 30 mm.

Au fur et à mesure des rotations les lits se remplissent de petits corps déchirés ou brûlés.

L'émotion étreint nos marins qui jusqu'ici n'ont vu de cette guerre interminable et atroce que les trajectoires nocturnes de tirs croisés observés à grande distance. Le paradoxe de ces patrouilles en mer est d'être coupé du quotidien et de n'avoir une vue approximative de la situation à terre qu'au travers d'images télévisées reçues en différé avec un bon décalage temporel. Mais les images elles-mêmes, aussi réalistes qu'elles soient, et Dieu sait si elles le sont, n'ont pas l'impact d'un regard qu'aucun intermédiaire électronique ou optique ne vient déformer, ni celui d'un gémissement que l'on essaie de retenir par pudeur ni encore celui d'une petite main qui se cramponne à votre poignet.

15 h 00. Un Puma de l'armée libanaise se pose sur la base. La fermeture du « passage du Musée » seul point de communication entre l'ouest et l'est a obligé les organisateurs à emprunter la voie des airs pour transporter les blessés musulmans. Ils seront seize en tout à rejoindre en plusieurs rotations la base navale. Quinze chiites et un Palestinien.

18 h 00. Le silence s'établit enfin sur le pont d'envol. La dernière rotation vient d'avoir lieu. Lentement, la frégate pointe son étrave vers la haute mer. Demain matin nous serons à Larnaka. Mais dans l'immédiat toute l'attention du bord est tournée vers ces enfants. Les médecins prodiguent les soins indispensables. A

certains il faut administrer de la morphine. Ainsi en est-il pour Maroun Zreik, dont un obus tombé du ciel a arraché les deux jambes il y a à peine trois jours...

La plupart de ces blessés ont surtout besoin d'aide pour assurer les fonctions vitales. Ils ont aussi besoin de beaucoup d'attention et d'affection et cela il y en a à revendre à bord. Comme il est frappant de voir la patience et la gentillesse des matelots qui se sont portés volontaires pour les tâches parfois ingrates d'aide-hospitalier ! Des vocations parternelles ont dû naître cette nuit-là !

Peu à peu nous faisons connaissance avec chacun d'eux. Ils nous racontent sobrement leur histoire.

Il y a Rima el-Hayek dont le fémur fut broyé par une explosion à Safra. Bilal et Ahmed viennent de la fondation Amal. Ils ont été grièvement brûlés lors de la guerre des camps il y a deux mois. Quant à Thérèse K..., elle ne pourra plus jouer de la coquetterie

Beyrouth 1985. Evacuation d'enfants blessés. (Photo M. Heger.)

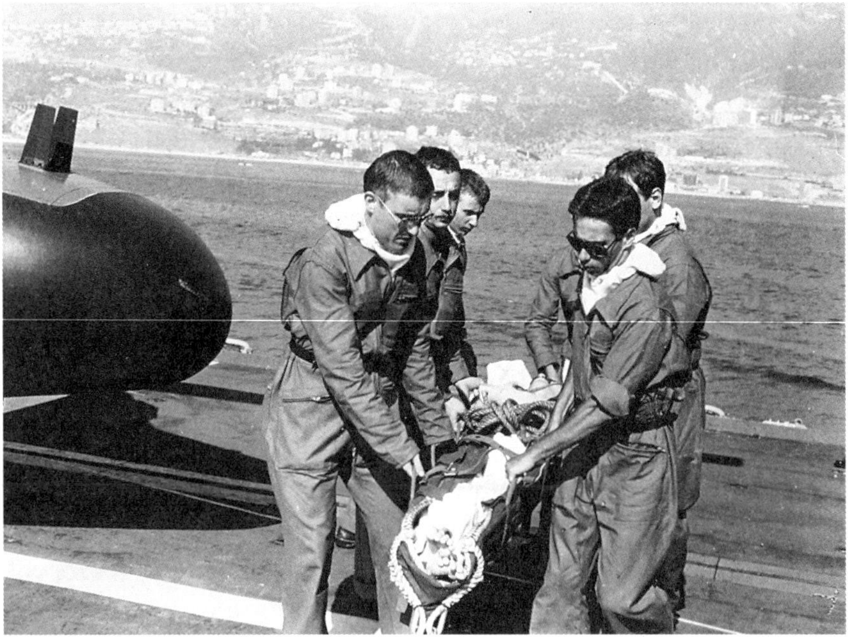

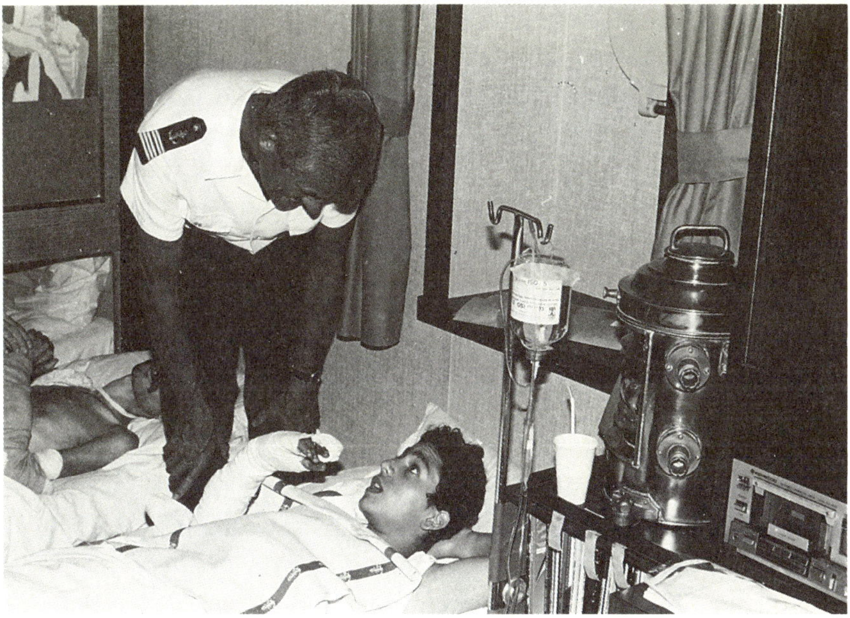

Maroun Zriek, deux jambes arrachées. A son chevet, le capitaine de vaisseau Rouyer. (Photo M. Heger.)

toute récente de ses treize ans. La voiture piégée de Sin el-Fil lui a ravagé le visage et le buste et la trace de ses brûlures profondes donnera certainement du mal aux spécialistes métropolitains.

29 juin. Sur le quai une ligne impressionnante d'ambulances chypriotes projette sur les hangars voisins l'éclat de leurs feux tournants. A proximité, des équipes de journalistes sont prêtes à renforcer celles que nous avons encore à bord et ce côté « cirque » ne manque pas de nous exaspérer. Dès que l'accostage sera terminé, un chariot élévateur va approcher une plate-forme de la plage arrière et, par cet ascenseur improvisé, les brancards vont quitter un à un le « Georges-Leygues ». Ils seront acheminés vers l'hôpital de Larnaca afin de reconditionner leurs occupants puis, dans le courant de l'après-midi, le même convoi les amènera à l'aéroport.

Notre tâche est terminée. Elle nous laisse une impression de tristesse car chacun a compris que ce geste, pour généreux qu'il soit, n'est que symbolique et pour le moins dérisoire. Car nos pensées vont aussi à tous les autres petits martyrs qui demeurent dans des hôpitaux saturés ou que l'on a renvoyés dans leurs familles parce que, après l'amputation, il n'y a plus rien à faire...

Nous allons dans quelques jours reprendre notre patrouille devant Beyrouth. Peut-être, par les télex ou la radio apprendrons-nous encore tel ou tel autre attentat meurtrier dans Chatila ou Achrafieh. Peut-être, par quelque nuit limpide, apercevrons-nous dans le ciel étoilé d'étranges paraboles lumineuses échangeant au-dessus de la ligne verte leurs messages de mort.

Nous penserons alors à d'autres Maroun, Bilal, Ahmed à d'autres Rima ou Thérèse qui resteront là-bas sous les décombres, victimes de combats qui nous échappent de plus en plus.

Nous ne rentrerons pas en métropole non plus, dans un mois ou deux, sans penser aux otages français que l'on cache et maltraite quelque part dans ces territoires que nous longeons presque quotidiennement. Il faut avoir vu la détresse profonde d'une madame Fontaine, que notre Lynx a transportée de Larnaca à Beyrouth, et avec laquelle j'ai pu converser pendant plus d'une heure, pour sentir une fois de plus le fossé entre l'information médiatique que l'on reçoit d'une façon passive, parfois insouciante ou irresponsable, et la réalité d'un déchirement qui frappe au plus profond de l'âme.

Nous savons que des tentatives sont ou seront faites pour récupérer ces hommes, mais la loi du silence est impérative, et l'avenir montrera que les choses ne sont pas si simples que certains ont pu le croire ou l'espérer. Aujourd'hui encore je pense à la dignité de cette femme blessée et si seule (si seule !) à laquelle nous avons eu la sagesse de cacher des espoirs secrets... et démesurés.

1987

TAHITI

Tout l'équipage est là, sur la plage arrière. Les uniformes blancs rendent presque insupportable l'éclat du soleil. Une partie est alignée sur tribord ; une autre sur bâbord. Au pied du pavillon de poupe, la garde d'honneur présente les armes, obliques sur les poitrines. Un peu plus sur l'avant, face à tous ces hommes et dominé par la tourelle du canon de 100 mm, l'amiral commandant le Centre d'essais du Pacifique et les Forces navales françaises de l'océan Pacifique vient de prendre place. A sa gauche se tient le commandant quittant ; je me trouve sur sa droite. L'amiral Thireaut s'éclaircit discrètement la voix puis :

— Garde à vous !

« Officiers, officiers mariniers, quartier-maîtres et marins, de par le président de la République, vous reconnaîtrez désormais pour votre commandant le capitaine de frégate Heger, ici présent, et vous lui obéirez en tout ce qu'il vous commandera pour le bien du service, l'exécution des règlements militaires, l'observation des lois et le succès des armes de la France !

« Repos ! »

L'amiral me congratule quelques instants, félicite le commandant quittant, puis sacrifie au rite de la photographie officielle (il est un peu ému, car en 1977 il s'était vu confier ce même bateau, l'aviso-escorteur « Enseigne-de-Vaisseau-Henry ». Dix ans déjà !).

L'amiral quitte le bord, le commandant quittant se retire dans son ancien carré. Je me trouve seul face à l'équipage. Le cérémonial prévoit de le passer en revue. Lentement, un à un, les différents services du bord me sont présentés. Je sens la curiosité dans les regards, mais aussi un peu d'inquiétude. Que savent-ils du nouveau pacha ?

Tout est là, en effet. Dans l'Aéronautique navale, le commandant prenant est toujours un ancien de la flottille. Le plus souvent, même, il vient d'assumer les fonctions de second. Ses qualités de pilote sont connues, son caractère, ses méthodes, ses exigences, le personnel de la flottille les connaît déjà.

Mais dans « la surface », le commandant est ce qu'en politique on appellerait un « parachuté » : à ce niveau de grade, il vient d'autres horizons ; il a la plupart du temps fréquenté l'Ecole supérieure de guerre navale, puis les états-majors parisiens, il n'a plus été embarqué depuis quelques années, ou alors sur un bateau différent, souvent dans un autre port, voire un autre théâtre d'opérations.

Quelques-uns se souviennent parfois d'un lieutenant de vaisseau qui, il y a bien longtemps...

Mais alors que dire d'un pacha « aéro », ce genre d'officiers qui ont passé leur vie ailleurs, survolant la mer plutôt qu'en en pratiquant l'inconfort, ayant tout au plus passé quelque temps sur les « bateaux plats [23] », et qui ont la prétention un jour de venir vous dire ce qu'il faut faire, à qui il faudra obéir « en tout ce qu'il vous commandera » alors qu'on ne sait pas trop ce qu'il a dans la tête ou dans les tripes ?

Je sais tout cela, j'y ai beaucoup pensé. Je sais qu'aujourd'hui les hommes évaluent l'officier, mais que c'est à la première manœuvre qu'ils évalueront le marin.

La revue se termine. En ce qui me concerne, je suis tout à fait assuré que l'équipage est bon, et que le bateau tourne bien. Un

23 - Porte-avions.

micro me permet de dire quelques mots : fierté, confiance, familles, missions...

La cérémonie prend fin.

Une cérémonie si brève pour l'accomplissement d'un rêve si long ! Ce commandement, c'est la motivation de toute une carrière, c'est le vœu secret que l'on formule le jour où l'on entre à l'Ecole navale, c'est le fruit d'un long cheminement aux nombreuses embûches, et voilà qu'en quelques mots réglementaires mais denses, tout est dit. Un geste bref d'un bras portant étoiles, et me voici commandant d'un navire, moi, le pingouin !

Ce soir, dans la tiédeur de la nuit, j'écrirai à ma femme restée en métropole et qui ne me rejoindra que dans quelques mois. Je lui confierai mes émotions, mes pensées, mes inquiétudes, mes espoirs, tout ce que l'uniforme cache dans le cérémonial militaire, mais qui nous réunit, malgré la distance, dans ces jardins secrets qui font l'unité d'un couple.

Je lui raconterai encore l'arrivée à Tahiti, les colliers de fleurs que l'on vous passe au cou et dont le parfum vous fait tourner la tête. La découverte de l'île, de sa petite sœur d'en face Moorea, les danses, les chants, les couchers de soleils incendiaires entre les grains du crépuscule. Je lui décrirai notre futur « fare » au PK 16, et son jardin dont la petite terrasse en bois plonge sur la plage, la couleur du lagon, l'odeur des frangipaniers, toutes ces choses que j'ai hâte de lui faire partager.

Mais le bateau revit maintenant de tous ses bruits habituels. Les travaux d'entretien ont repris. Dans le bureau/chambre qui sera désormais mon domaine pour tant de journées et tant de nuits, je me plonge dans les dossiers : ceux des hommes, ceux des machines ou de la passerelle. Il y a du pain sur la planche avant le premier appareillage qui doit avoir lieu dans douze jours !

MAI 1986

Il fait très noir dehors. Depuis des jours la mer nous bouscule sans répit. Le bateau accuse les coups avec la placidité des vieilles coques qui en ont vu d'autres, mais les hommes sont fatigués. Nous sommes en patrouille entre les îles Australes et les Tuamotu depuis près d'une semaine. La mer est vide. Totalement. Pas un navire, pas même un oiseau dans ce désert des mers du Sud où la Marine doit cependant être présente. Seuls les nuages, les grains, les vagues animent l'espace gris et blanc de nos journées. Parfois, le soir, des lumières fulgurantes percent la couche ; les rayons exaspérés du soleil parviennent enfin à embraser cette mer dont les lames, alors, deviennent autant de flammes.

Mais, toujours, la nuit est d'encre. Les feux de position, rouge sur bâbord, vert sur tribord, éclairent faiblement le chevron d'écume que notre étrave ouvre dans les masses liquides et sombres. De temps à autres, une vague plus haute, un creux plus profond, expédient nos estomacs aux quatre coins du petit espace que le Créateur leur a réservé dans la merveilleuse mais fragile organisation de nos corps. C'est alors une grimace, des dents qui se serrent, une glissade parfois dans une coursive. Ce sont toujours des mains qui s'agrippent, des muscles qui se raidissent et s'épuisent à conserver un équilibre sans cesse remis en cause. En bas, dans les chambres ou les postes d'équipage, le sommeil est fugitif, heurté. Les bras encerclent les matelas dans une étreinte illusoire. Les jambes se calent comme elles le peuvent contre la cloison ou le garde-corps. L'éclairage rouge donne aux visages une pâleur cadavérique.

Il est déjà tard, presque minuit. Rien ne m'attend en bas, dans ma chambre. Ni confort, ni chaleur. Cet endroit habituellement si agréable est, par grosse mer, aussi instable que partout ailleurs dans le bord. Les embruns et la mer poussés par le vent viennent s'écraser bruyamment sur la cloison avant, comme autant de gifles au prétendu pouvoir qu'un commandant détient sur un navire, « seul après Dieu ».

C'est donc bien calé dans le fauteuil de la passerelle que je songe à ce premier mois de commandement. Tout s'est si bien passé que je vois dans le mauvais temps qui nous harcèle comme une mise au point céleste, une sorte de vengeance hargneuse dont malheureusement l'équipage tout entier fait les frais. Le premier appareillage, puis le premier accostage dont je savais tant l'impact presque indélébile et pourtant, à mon avis, tout à fait injustifié, s'étaient déroulés sans problème. Le deuxième accostage, effectué par plus de vingt nœuds de vent de travers, décollant, et sans l'aide de remorqueurs, avait vu la victoire de la doctrine inscrite dans les textes, et que j'avais appliquée à la lettre faute d'expérience préalable sur ce type de bâtiment. Mais l'officier en second m'avait laissé deviner ses impressions en me citant, avec un grand sourire, la vieille plaisanterie qui fait le bonheur des carrés :

— Une belle manœuvre est une catastrophe évitée de justesse, commandant !

Je savais pour ma part, au travers de milliers d'atterrissages, que rien n'est jamais gagné, et que quels que fussent les premiers succès, il conviendrait de rester circonspect.

Après l'épreuve de la manœuvre j'avais encore celle de la haute-mer (c'était en cours !) puis, un jour peut-être, celle des opérations ou des exercices tactiques.

— Commandant, le COT[24], nous appelle en phonie pour une histoire d'Evasan.

L'officier opérations me tire soudain de mes songeries.

— Que se passe-t-il ?

— Je pense qu'il s'agit d'une évaluation préalable faite en phonie pour gagner du temps, en fait ils demandent combien il nous faudrait pour aller à Rimatara faire une « Evasan ».

— Qu'est-ce-que c'est comme « Evasan » ?

— C'est un ulcère. Une femme. Sa vie est en jeu.

— Vous avez regardé où se trouve cette île ?

— Non, commandant, pas encore, mais a priori on est très loin. C'est une île des Australes.

---

24 - Centre d'opérations du Taone : centre d'opérations des forces navales françaises dans le Pacifique, situé à Tahiti.

— Bon, allons voir sur la carte. Ah !, et faites réveiller le médecin !

Penchés sur la table à cartes, nous faisons courir la règle Cras et la pointe sèche. Les prévisions météo sont démoralisantes. Aller vers cette île c'est courir au-devant d'une dépression déjà bien creusée. On ne peut espérer une vitesse supérieure à huit-dix nœuds. Le calcul est vite fait. Trois jours. Il nous faudra trois jours pour aller là-bas, et une journée encore pour ramener la malade à Tahiti, deux peut être si la mer ne s'est pas calmée.

Je réalise alors la dimension de ce Pacifique Sud et, surtout, le désert nautique qu'il représente. Ces îles Australes sont le bout du monde. Hors de portée des hélicoptères, leur relief ne permet pas toujours la construction d'une piste pour avions. Et pour trouver le bateau le plus proche, il faut chercher dans un rayon de mille « nautiques » !

— Bon, on va y aller... C'est tout de même étonnant qu'il n'y ait pas de navire moins loin que nous !... Avant de répondre, je préfère voir le toubib.

Quand on parle du loup... Le toubib vient de franchir la dernière marche de l'escalier. Il prend pied à la passerelle en tâtonnant, encore un peu endormi, mais surtout désorienté par l'obscurité presque totale qui règne ici. Je lui explique brièvement les données du problème, et lui demande son avis sur l'urgence réelle d'une Evasan, sur le « plus » qu'apportera la présence d'un médecin à bord, justifiant ainsi les délais de route assez exorbitants.

Quelle est l'ordre des urgences : l'évacuation où l'arrivée d'un médecin ? Le bâtiment lui-même va se faire secouer par la mer. Conséquences possibles pour la malade ?

Bien sûr, je sais que les mêmes questions sont en train de tourner dans la tête de l'officier opérations de Tahiti et qu'elles sont d'ailleurs de son seul ressort. Mais je veux pouvoir lui faire une réponse la plus complète possible.

Le médecin cependant prend un air embarrassé.

— Commandant, il y a un problème. Je voulais vous en parler demain matin mais... enfin il s'agit du maître Roux. J'ai dû le prendre à l'infirmerie ce soir. Il avait déjà eu un ulcère qui a été guéri. Il a été remis apte au service à la mer, mais maintenant, depuis qu'on se fait remuer, il ne va pas bien et je crains une récidive. J'allais vous demander si on pouvait le faire évacuer... alors vous comprenez, si on va vers la dépression et le très gros temps, on court un risque sérieux pour lui.

Deux ulcères ! Nous voici avec deux ulcères, l'un exclusif de l'autre. Peut-être une vie contre une autre vie !

— Ceci veut dire qu'il faudrait essayer de débarquer Roux avant de partir vers Rimatara !

— Ce serait préférable, commandant, tant qu'il est facilement transportable.

— Malheureusement, le point le plus proche est Mururoa. On n'y sera pas avant demain. Autant de retard pour évacuer le malade... Où est la vraie priorité ? Bien sûr, les militaires sont au service de l'Etat, et l'Etat ici a pour devoir de sauver la vie des civils isolés, quitte à prendre des risques. Mais il y a risque et risque. Il y a l'imprévisible, la faute, l'accident, la panne... qui n'arrivera peut-être pas. On court le risque, c'est tout. Et puis il y a le risque déterminé, la presque certitude. Celle par exemple de perdre un homme... ou une femme.

Le médecin reste silencieux. L'officier opérations a l'air songeur. L'enseigne de quart scrute attentivement les ténèbres.

Je rédige enfin un message pour le COT indiquant les données du problème et mes intentions « sauf ordre contraire » puis donne l'ordre de mettre le cap sur Mururoa afin de gagner éventuellement quelques heures tout en restant dans ma zone de patrouille.

Une heure s'écoule alors avant que le COT accuse réception. Les transmissions ont leurs caprices et, sans le secours des satellites, restent dépendantes de nombreux paramètres atmosphériques que les puissances célestes gouvernent encore dans un ultime combat contre le progrès des hommes. Cette nuit, ça ne « passe » pas bien et il faut être patient...

Fatigué, j'essaie maintenant de prendre un semblant de repos dans ma chambre, étreignant à mon tour le matelas de la bannette.

Mais le sommeil ne vient pas. Et si je ne recevais plus de message ? Si ça ne « passait » plus du tout ? Si mon choix s'avérait mauvais ?

Si les heures que je m'apprête à prendre pour mettre Roux à l'abri s'avéraient fatales pour la malade ?

Le téléphone trouble enfin le chœur de la mer et du vent.

— Le commandant.

— Oui, commandant, ici l'officier de quart. On vient de recevoir un message du COT. Ils ont trouvé un bateau pas trop loin de Rimatara. Petit, pas de médecin à bord, mais ça a l'air de leur convenir. C'est lui qui fait l'« Evasan ».

— Parfait, dites au médecin de m'appeler.

Le téléphone sonne quelques instants plus tard.

— Toubib ?

— Oui, commandant.

— On ne fait pas l'« Evasan », donc pas d'aggravation de la météo, ça devrait même s'arranger. Qu'en pensez-vous pour Roux ?

— ... Je... je pense que pour l'instant ça devrait encore aller. Dans la mesure où l'on reste à moins d'une journée d'un terrain d'aviation, on peut le garder à bord...

Ainsi prend fin le dilemme, aussi soudainement qu'il était survenu : une heure ou deux d'effervescence, et voilà tout. Les transmissions ont permis à d'autres de faire un choix. Mais je retiens qu'il aurait pu en être tout autrement, que la charge d'être parfois seul maître à bord après Dieu, la mer et le vent, peut s'avérer dans certains cas bien inconfortable. J'appelle l'officier de quart.

— Abjean, ici le commandant. Nous reprenons la patrouille !

Les pirogues s'en vont
Les pirogues s'en viennent
Et mes souvenirs deviennent
Ce que les vieux en font

Brel
Les Marquises

JUILLET 1986

LES MARQUISES

Il est venu mouiller tranquillement le lendemain de notre arrivée. C'est un petit chalutier blanc suant la rouille comme tous ses autres frères coréens ou japonais. Son ancre a crevé l'eau au centre de la baie de Taiohae, une baie presque fermée qu'un endroit goulet, au sud, relie à l'océan. Au nord, les parois abruptes d'un ancien volcan déversent une jungle épaisse sur la « capitale » des Marquises. L'endroit est beau et sinistre à la fois. Le ciel est lourd. Il pleut souvent ici et, comme le dit Jacques Brel, si ce n'est pas l'hiver, cela n'est pas l'été. Nombreux sont ces chalutiers qui sillonnent les eaux du Pacifique. La baie de Taiohae est, quant à elle, le seul abri valable dans toutes les Marquises et il n'est donc pas surprenant que l'un d'entre eux vienne y relâcher quelque temps.

Le soir même, un cargo, blanc lui aussi, est venu se mettre à couple du chalutier.

Toute la nuit, et le jour suivant, les grues du cargo ont plongé leurs crocs dans les soutes du chalutier. Chaque fois des thons par dizaines passaient ainsi de l'un à l'autre et l'acier de leurs corps raidis accrochait l'éclat des projecteurs ou les reflets d'un ciel gris.

A terre, les Marquisiens fronçaient le sourcil, et assistaient impuissants à cette collecte de poissons vraisemblablement pêchés dans les eaux polynésiennes.

Rien à dire pourtant. Ces navires pouvaient aussi bien pêcher dans les eaux internationales et, s'ils étaient pourvus d'une licence, dans les eaux de la zone économique exclusive[25] française.

Mais ce transfert sous leurs yeux ressemblait à une provocation, une sorte de défi lancé à ces pêcheurs locaux aux moyens désuets et aux revenus désespérants.

Rien de tout cela n'avait échappé à l'équipage du « Henry ». N'étions-nous pas chargés, au cours de cette mission, de la surveillance de la ZEE et plus particulièrement des pêches ?

Certes, pour le moment, nous nous trouvions à Taioahae pour les fêtes du 14 Juillet et plus particulièrement pour le soutien du Haut-Commissaire qui visite les différentes îles à cette occasion. Mais nos contacts avec les Marquisiens, si chaleureux et amicaux, ne pouvaient que mieux nous faire comprendre leur désapprobation sur ce transfert, et que hier soir encore ils nous signifiaient à mots à peine couverts.

— Ne peut-on faire quelque chose, un geste même symbolique ? me demande Fourmy, l'officier en second.

— On peut toujours aller le visiter. Ici, c'est en principe le domaine des gendarmes, mais comme leur bateau est en avarie, ils ne peuvent qu'accepter que l'on s'en charge. Ceci dit il faut faire vite car le transfert est apparemment terminé et le chalutier risque de partir. On va voir s'il a une licence pour la ZEE.

— S'il en avait une, il arborerait les lettres géantes sur ses deux flancs, celles qui permettent à nos Gardian[26] de les identifier de loin.

— Juste. Mais s'il n'en a pas on ne peut rien dire car rien ne prouve qu'il a pêché ses thons dans la ZEE. Bon, on verra bien. Appelez Campredon, rassemblez l'équipe de visite. Pas d'armes. Dites au commissaire d'effectuer un simple contrôle des papiers et d'une éventuelle licence. Mais que cela se voie et que ça se sache.

---

25 - ZEE en abrégé.

26 - Gardian : avions de surveillance de l'Aéronautique navale.

— Bien commandant.

— Pour cet après-midi n'oubliez pas que l'on appareille à 15 heures pour amener le haussaire à l'embarcadère de l'aéroport. Il y aura l'administrateur des Marquises et le maire de Taiohae que l'on ramène dans la rade après le départ du grand patron.

Le contrôle du petit navire s'effectue sans difficulté. Le commissaire Campredon n'en est pas à ses débuts dans ce domaine. L'information qu'il rapporte est troublante. Le chalutier déclare posséder la licence n° 97. Pourtant sur les listes qui nous ont été remises au départ de Papeete, cette licence n'est pas attribuée.

— Nous avons essayé de contacter le COT, me dit l'officier opérations, mais dans ce cirque ça ne passe pas.

— Ce n'est pas étonnant avec ces parois rocheuses. On va donc dire au chalutier de ne pas appareiller avant notre retour ce soir. Quand nous serons dehors nous contacterons le Taone et les Affaires maritimes. Nous saurons rapidement si oui ou non il a une licence.

La mise à terre du haut-commissaire et de son épouse est facilité par une mer pour une fois clémente. De l'embarcadère, il leur faudra se rendre au terrain en 4x4 par une route courte mais cahoteuse. Ainsi en est-il de ces îles au relief tourmenté. Le seul endroit où l'on a pu construire une piste pour avions ne peut-être relié au village principal, dans des délais raisonnables, que par la mer !

Le « Henry » fait route à nouveau d'ouest en est en contournant les hautes falaises. L'administrateur et le maire goûtent aux joies du large. Tout cela ressemble à une promenade. Tout à l'heure cependant la réponse du COT est arrivée. La licence n° 97 a bien été attribuée très récemment à notre coréen. Il est donc en infraction pour marques non réglementaires. Ce n'est pas grand-chose, mais avec un peu de publicité cela pourrait calmer les pêcheurs marquisiens...

— Commandant, la veille optique signale un bateau qui sort de Taiohae.

— A quoi ressemble-t-il ?

— ...

— On dirait le chalutier, commandant !

— Fourmy ?

— Commandant ?

— C'est un cadeau du ciel. Si c'est bien lui on va faire un cinéma pas possible avec un témoin de premier choix : le maire de Taiohae en personne. Il va voir qu'on est là pour faire appliquer la loi. Faites rappeler aux postes de police en mer. Equipe de visite normale.

La procédure commence à être rodée : deux coups de klaxon de combat suivi d'une diffusion générale :

« Poste de police en mer, équipe de visite normale. Poste de police en mer le deuxième tiers étant quart.[27] »

Cette diffusion déclenche dans le bord toute une série d'actions programmées. La passerelle reçoit un renfort de personnel, un magnétophone est mis en place pour enregistrer toutes les communications radio. Un secrétaire se met en place aux côtés du commandant pour consigner par écrit tout ce qui se dit. Sur les ailerons, des fusils-mitrailleurs sont installés. Des casques sont prêts à coiffer les têtes des tireurs selon le degré d'intimidation que l'on veut obtenir. Dans les fonds, l'équipe de visite se met en tenue de combat et perçoit ses armes légères. Dans les machines deux moteurs supplémentaires sont mis en route. Sur le passavant tribord l'équipe de mise à l'eau du Zodiac tire déjà sur les palans...

Il faut faire vite. Le chalutier a de l'avance. Il n'est pas en pêche et n'est donc pas en infraction proprement dite. S'il sort des eaux territoriales, je ne pourrai plus rien faire.

— Passez sur quatre moteurs dès que possible. Tourrel, faites hisser « code lima », et essayez de le contacter sur chenal 16.

27- Il serait aussi vain d'expliquer comment un deuxième tiers peut faire le quart, que de faire comprendre pourquoi l'on peut appeler commandant un lieutenant de vaisseau qui arbore des galons de capitaine. C'est la Marine et, comme dirait un Breton, « faut faire avec! ».

Le bâtiment prend peu à peu de la vitesse. On est certes loin des accélérations impressionnantes du « Georges-Leygues » mais sous notre étrave un chevron blanc commence à prendre du corps.

Le chenal 16 ne donne rien. Ces pêcheurs n'ont pas de VHF en général. Ils n'ont qu'une HF mais on ne sait jamais la fréquence qu'ils veillent.

Le chevron d'écume doit cependant faire bonne impression vu de loin, car l'ordre : « Stoppez immédiatement », qui flotte dans la mâture finit par être suivi d'effet. Le sillage du chalutier s'interrompt puis se dissout dans le bleu des eaux.

Le chalutier semble figé, comme un chien d'arrêt. Le « Henry » s'approche de lui maintenant après avoir cassé son élan, et de longues minutes plus tard, stoppe sur l'avant tribord de sa proie. Une bonne position, dans le cas présent, pour pouvoir observer l'abordage du Zodiac tout en se préservant la possibilité de barrer la route au gibier en cas de dérobade.

Le commissaire de Marine a cette fois un message à faire passer au commandant du chalutier

Un : il est en infraction car son navire ne porte pas les lettres réglementaires que tout licencié doit arborer sur ses flancs. Pour cette raison il lui sera dressé un procès verbal et signifié l'interdiction de pêcher dans la ZEE tant qu'il ne sera pas en règle.

Deux : il a passé outre à l'ordre qui lui avait été donné d'attendre pour appareiller que sa situation fût éclaircie. Sa conduite est donc considérée comme suspecte et il est prié de retourner dans la rade de Taiohae pour y subir de la part des gendarmes une visite complète.

A la passerelle, le maire marquisien ne perd pas une miette du discours. Une demi-heure plus tard, le tandem bateau gris-bateau blanc embouque le chenal qui conduit à la baie de Taiohae. Le maire et l'administrateur sont débarqués après les politesses et les remerciements d'usage. Les gendarmes sont mis au courant, ils trouveront bien une barcasse pour aller à bord du chalutier.

Ce soir, on chantera encore sur la berge noire car le 14 Juillet dure longtemps dans ces contrées. Mais je sais que chez les pêcheurs on rira plus encore... jusqu'à l'arrivée du prochain navire collecteur.

Le « Henry » termine ce soir son séjour aux Marquises. Dans quelques heures Nuku Hiva détachera ses hauteurs sombres sur le ciel étoilé et, quelque part peut-être dans le bord, un matelot songera avec regret à d'autres îles visitées pendant cette tournée : Ua Pou « qui profile dans le ciel une élégante silhouette noire hérissée de pics si nombreux, si aigus, si élevés, qu'on imagine voir surgir des flots une ville gothique avec tout son luxe de cloches, d'obélisques et de flèches de granit[28] » ; Hiva Hoa, peut-être, où Brel est venu se coucher pour toujours au côté de Gauguin et que marquent ses ciels gris, ses reliefs chargés de menaces, où :

« La mer se déchire
infiniment brisée
par des rochers qui prirent
des prénoms affolés... »

---

28 - Monsieur Radiguet, historiographe de l'expédition Dupetit-Thouars de 1848.

FÉVRIER 1987

FÉVRIER 1987. LE RETOUR AU FENUA[29]

6 h 00. Tahiti est droit devant, très bas sur l'horizon. Ce n'est encore que l'élan d'un sommet volcanique vers un ciel matinal et limpide, la partie émergée, au-dessus de l'horizon, d'un monde qui nous est cher, et où, au pied d'un édifice de roches et de luxuriance végétale, s'étale la bande étroite et littorale où l'on vit.

Pour l'équipage, c'est le retour d'une longue mission de plus de trois mois loin de la Polynésie. Pour moi, c'est un peu plus que cela, car je sais que l'accostage qui dans quelques heures attachera le « Henry » à son quai sera le dernier de mon commandement.

Certes, il reste trois mois avant que mon remplaçant n'arrive, mais le bateau va rentrer en période d'entretien. Ce sera l'invasion des ouvriers, les bruits industriels, la déliquescence, dans les taches quotidiennes, d'une équipe que tant de milles parcourus ont soudée jusque, parfois, à la fraternité.

Alors, l'heure du bilan est peut-être là, ce matin, dans la fraîcheur et le silence de l'aurore.

Les souvenirs reviennent de ces patrouilles, ces surveillances de pêche ou ces missions de représentation qui nous ont conduit un peu partout dans la Polynésie : Marquises, îles du vent, îles sous le vent, tant de fois décrites... Les Tuamotu aussi, qui saupoudrent l'océan d'or et d'argent serti çà et là de quelque cocoteraie inclinée par l'alizé. Les atolls...

---

29 - Fenua : mot tahitien signifiant le pays, la terre, le « chez soi ».

J'aime les atolls.

Ils reflètent encore la vie de l'ancienne Polynésie. Même si les panneaux solaires y étalent les dominos de la technologie moderne, même si l'omniprésente vidéo enferme, le soir, les familles dans le mutisme béat et passif que notre civilisation téléphage connaît hélas trop bien, il y a toujours le contact intime entre l'homme et le ciel, le pêcheur et le lagon, dans ce monde plat où « la mer se mêle au soleil » et que menacent tsunamis et cyclones. Il y a encore cette attente de la goélette qui apporte la fête, le renouveau, le voyageur imprévu, et qui repart avec sa cargaison de coprah aux odeurs lourdes. Il y a la simplicité et la gentillesse de ces gens encore heureux d'accueillir le visiteur et de lui faire découvrir les joies simples de leur existence. Les atolls respirent au rythme lent et anarchique du lagon, qui s'emplit ou se vide au gré des tempêtes et des marées, réglé par quelque Neptune capricieux et maître de l'éternité.

Et puis en octobre ç'a été le départ pour Nouméa où nous attendait une mission opérationnelle.

La Nouvelle-Calédonie avait connu au cours des années précédentes des événements qu'il est inutile de rappeler. La situation à la fin de 1986 était redevenue très calme, presque normale. Il restait toutefois à rester vigilant. La Marine s'était vu confier la double tâche de surveiller de près le trafic maritime aux abords des côtes de cette île longue et découpée, et de prendre contact, à l'occasion d'escales côtières, avec une population politiquement partagée, indécise, tantôt hostile, tantôt chaleureuse.

Des deux aspects de cette mission que nous partagions avec d'autres bâtiments de la Royale, c'est certainement le deuxième qui fut le plus enrichissant. Certes les choses n'étaient pas toujours drôles pour les matelots qui trouvaient, sur une côte sous-peuplée, bien peu des distractions auxquelles ils étaient habitués lors d'escales plus traditionnelles. Mais l'idée d'aller au contact, dans des fiefs réputés hostiles, de découvrir, au-delà de l'image médiatique, la réalité des faits et l'état des esprits ne fut pas pour déplaire à bon nombre. Les représentants des indépendantistes furent souvent des interlocuteurs souriants et accueillants, tant que la « coutume » était respectée. La grande majorité de la population était lasse des querelles, déçue par un brassage d'idées qui n'avait engendré que la violence. Le sourire des anciens était doux, et chauds les regards. Certes le blanc de nos uniformes affichait notre état de simples « passants » que le large ne tarderait pas à rappeler. Mais on ne peut oublier une poignée de main qui s'attarde ou des yeux un peu humides et qui compensent d'autres regards, plus durs au-dessus d'un sourire parfois forcé.

Combien de fois n'avons-nous pas senti que le discours politique était une chose et celui du cœur une autre ? Nous souffrions de ne voir dans le ciel que des pavillons FLNKS mais, trois mois plus tard, la tribu de Gelima demandait officiellement que lui soit remis un pavillon français, ce qui fut fait en grande cérémonie par le haut-commissaire lui-même. Ne l'avions-nous pas pressenti, ce retour des âmes, lorsque le grand chef de Gelima m'avait conduit vers le monument élevé à la mémoire de ses anciens pour y déposer en commun une gerbe de fleurs ?

L'incertitude semblait cependant demeurer chez les jeunes. Les adolescents, les hommes de moins de trente ans, avaient, dans certaines tribus, un regard dur qu'il était difficile d'ignorer en dépit de la courtoisie de l'accueil. Le chômage, l'oisiveté, le goût que l'on a, à cet âge, pour la révolte, les poussent tout naturellement du côté qui prône l'action. Alors saura-t-on les récupérer ?

Le deuxième aspect de cette mission était bien sûr la navigation le long d'une côte extrêmement variée, découpée en baies au fond de sable noir, ou blanc, et bordée de palmiers, de palétuviers de niaoulis ou de merveilleux flamboyants, pourfendue ici de quelque fjord tropical, déchiquetée là par des falaises que domine une montagne éclatée, portant encore les cicatrices rougeâtres causées par l'exploitation à ciel ouvert du trop fameux nickel. Ces côtes sont longées, à quelques kilomètres au large, par une barrière corallienne discontinue qui en défend les abords. De nombreux petits îlots parsèment ce lagon et éclairent les eaux sombres de leurs anneaux de sable blanc. Nous longions ainsi la

Nouvelle-Calédonie, tantôt à l'intérieur, tantôt à l'extérieur de la barrière, faisant parfois des incursions nocturnes à l'ouvert de telle ou telle calanque, mouillant discrètement pour laisser le soleil, à son lever, révéler notre présence et éclabousser, de son ardeur renouvelée, les couleurs de notre pavillon, jouant de cette manière des avantages de la surprise et des vertus militaires d'une certaine ubiquité.

Nous avons contrôlé toutes sortes de bateaux. Il a fallu en pourchasser certains en pleine obscurité avant qu'ils ne dépassent la limite fatidique des eaux territoriales.

Combien de fois avons-nous rappelé aux postes de « police en mer » ?

Nous avons visité de grandes îles, comme Uvea, aux prodigieuses bordures de sable, ou d'autres, comme l'île des Pins, plus réservée, et qui n'entrouve sa végétation que sur quelques criques arrondies au fond desquelles le corail pulvérisé est venu déposer un tapis de rêve. Plus sauvages, dépeuplés, d'autres morceaux d'atolls, des récifs à peine émergés sont devenus le royaume des oiseaux et des tortues.

Souvent, une station météorologique automatique y est installée et là encore le « Henry » fut mis à contribution pour le transport des techniciens chargés de les entretenir.

Il y a presque une semaine, enfin, notre retour de Nouméa à Tahiti ne pouvait laisser à l'écart l'invraisemblable îlot Mathiews, roc déchiqueté émergeant d'une mer jaunie par ses projections de soufre, sommet atmosphérique d'un volcan sous-marin épuisé dans la quête du soleil et qui crache dans une haleine fétide son dépit de n'avoir pu devenir une île garnie de fleurs, d'animaux, et peut-être d'humains.

8 h 00. Le ciel devant nous s'est rempli de lumière. Le soleil a percé depuis un bon moment déjà, et la chaleur de la terre s'est transformée au-dessus de l'île en cumulus éclatants.

Tahiti est plus proche. La jupe de jungle égare sa taille dans une dentelle de nuages et trempe dans l'océan un mince ourlet d'habitations aux toits multicolores.

Cette approche lente et respectueuse, émerveillée ou chargée d'impatience, d'une terre inconnue ou familière, reste le privilège du marin.

C'est chaque fois la découverte de formes nouvelles, c'est l'odeur oubliée de la terre humide et tiède, c'est le cœur qui bat un peu plus fort...

L'œil discerne maintenant les fils d'argent des cascades hautes et fines. Aux pieds de l'île où déferle la houle, un liséré d'hermine s'accroche aux récifs. Le tissu de jungle se fait plus épais ; les drapés tourmentés, les échancrures profondes se transforment peu à peu en vallées encaissées s'enfonçant dans l'intimité végétale de l'île.

Tout à l'heure sera le port. Dans un glissement silencieux, nous laisserons sur tribord les voiliers où claquent les pavillons du monde entier, des bateaux de pêches, coréens ou japonais, accouplant leurs coques blanches suant la rouille, peut-être même quelque monstrueux paquebot, écrasant de sa silhouette luxueuse les boutiques hétéroclites du front de mer, et déversant sur les quais des touristes pâles et vieux.

Alors nous retrouverons le fenua. Ni celui du folklore, ni celui des touristes. Celui de nos familles qui nous attendent, de nos amis tahitiens aussi.

Nous retrouverons le Tahiti d'aujourd'hui, car l'île a bien changé en quelques années.

La route périphérique, bordée de fleurs, est devenue un piège où chaque matin les voitures s'engluent sur des kilomètres, et d'où l'accès à la mer est devenu impossible à force d'appropriations abusives, où « Dallas » a remplacé les récits des anciens et les chants au bord de l'eau. On s'enferme chez soi, le soir, car les nuits ne sont plus très sûres. Euromarché bouscule le Chinois du quartier. L'électronique, la mécanique, l'informatique ont envahi les vitrines ; des radios FM diffusent les émissions de France Inter ou d'Europe 1 relayées par satellite, donnant la situation sur les périphériques parisiens, ou indiquant pour demain une météo de l'autre côté du globe et déphasée d'un équinoxe avec le temps local... Grotesque !

Tahiti vit à l'heure du hit-parade, de la pub agressive, de Stallone ou de Chuck Norris. Tahiti vit à l'heure du paradoxe, tentée tout à la fois par les délices du modernisme à l'américaine et le rejet de ceux qui ont mis le pied à l'étrier du progrès, et lui fournissent, seuls, les moyens de s'y accrocher.

Mais il reste encore des paysages prodigieusement beaux, une lumière incomparable, et si les chants, les danses, autrefois spontanés, sont devenus un folklore rémunérateur en voie d'exportation, il faut avouer que l'on se laisse encore prendre au charme des corps vibrants et ambrés ou des chants polyphoniques paillards souvent, mais qui savent être aussi religieux ou mélancoliques.

Et il y a surtout les Tahitiens, exubérants ou ombrageux, fraternels à la mode ancienne, un peu plus distants à la mode d'aujourd'hui, écartelés entre les démons du modernisme et l'hospitalité de leurs anciens, mais dont l'amitié une fois accordée n'est que joie et fidélité.

9 h 00. Le « Henry » franchit les passes. Huit mois plut tôt l'un des premiers ordres que je donnais à la passerelle le menait à la route inverse. Depuis, le « Henry » a parcouru autant de milles marins que n'en fait la circonférence du globe, et j'en garde une palette de couleurs, des bouffés d'odeurs tropicales, l'empreinte de mille formes extravagantes surgissant de la mer, des émotions aussi, des joies proches de la jubilation, des angoisses, des regrets secrets, de la reconnaissance encore pour cet équipage qui vous fait tant confiance, et vous sert, et vous suit, et vous aide parfois sans le savoir ou sans le dire.

Le ciel est noir. Un énorme grain déverse sur le navire et les familles agglutinées sur le quai un déluge tiède. Le vent change sans cesse de direction. On ne voit pas grand-chose. La manœuvre d'accostage n'est pas fameuse.

— Stoppez !

— Les deux moteurs sont stoppés.

— ...

— A droite vingt !

— La barre est vingt à droite.

— ...

— Zéro la barre !

— La barre est à zéro.

— ...

Des aussières sont passées à terre, frappées sur les bittes d'amarrage : les pointes, les gardes, les traversiers, à l'avant, à l'arrière. Je pense un instant à la chanson d'Yves Duteil :

Quand les bateaux reviennent
On les attache au quai
La longe et le piquet
Pour seul fruit de leur peine...

— Terminé barre et machine !

Les amarres sont jetées, et bien ancrés aussi ces souvenirs épars. Le sillage du « Henry » les relie, brisé par l'alizé, ou argenté, lors des nuits de grand calme, par des reflets lunaires. Le corps est lourd encore des coups du tangage, les yeux remplis d'étoiles aux noms barbares, la peau chargée des moiteurs tropicales.

Bientôt ce sera de nouveau Paris, les bureaux de l'état-major, les rapports que l'on reçoit avec envie de l'autre bout du monde.

Alors , de temps en temps peut-être, dans la grisaille de notre métropole, en appellerai-je à la petite phrase de Kundera :

« Qui cherche l'infini n'a qu'à fermer les yeux[30] »

---

30 - Milan Kundera : « L'Insoutenable légèreté de l'être ».

TABLE DES MATIERES

Cet ouvrage a été imprimé par l'imprimerie Raynard à la Guerche-de-Bretagne.
Façonnage par Afbo à Luçon

I.S.B.N. 2.7373.0440.7 - Dépôt légal : octobre 1989
N° éditeur : 1745. 01. 05.10.89